JN091990

アメリカ連邦議会

機能・課題・展望

石垣友明

Understanding the U.S. Congress

Its Function, Challenges and Prospects

Tomoaki Ishigaki

有斐閣

はしがき

アメリカの連邦議会で成立する予算や法律は，アメリカの政治・経済・社会だけでなく，国際社会にも大きな影響を与える。その一方で，連邦議会はニュースに頻繁に出る割には，日本では多くのことが知られていないのが実情である。

アメリカの大統領や行政府が連邦政府の予算を作るのではなく連邦議会が策定することや，法案は政府ではなく議員立法を通じて行われることは，日米関係や国際政治に関心がある人の間では比較的知られている。しかしながら，なぜ大統領が後押しする法案を大統領と同じ政党の議員が反対したり，長く審議が停滞していた法案が突然成立したりするのか，当惑することも少なくない。こうした疑問の多くは，日本の議院内閣制と同じ前提で物事を考えたり，アメリカ建国以来の連邦議会の制度設計の背景を知らないことに拠ることが多い。反対に言えば，日本などの議院内閣制とは全く異なる制度として，アメリカの連邦議会の歴史や制度の背景，立法過程を理解すれば，連邦議会のことはわかりやすくなる。

アメリカ国内でも連邦議会の制度や立法過程を難解に感じる人は少なくなく，多くの解説書が出版されている。下院の議事手続規則だけでも1500ページにも上り，議会関係者であっても，その内容を十分理解できているとは限らない。そうした中で，議会関連の業務を短期間担当したに過ぎない者が本書を著すことに躊躇しない訳ではない。しかしながら，日米関係そして国際社会に大きな影響を及ぼすアメリカ連邦議会の機能と役割を日本語でより多くの人に知ってもらうことに意義があると考え本書を著した。

本書は，アメリカの連邦議会の特徴や立法過程について，日本の関係者に有益と考えられる基本的な事項を概説しようとしたものである。主な読者としては，ビジネス関係者でアメリカの各種政策・予算・法律の動向に注目している企画・法務・営業・現地法人の担当者や，官公庁・団体の実務者，学界で日米関係やアメリカの政治・経済・社会を研究している方々，あるいは学生・留学生でアメリカに関心のある人等を念頭に置いている。アメリカ国内では，議会の立法過程を紹介・詳述した本は少なくないが，日本語の類書は多くない。廣瀬淳子『アメリカ連邦議会――世界最強議会の政策形成と政策実現』（公人社，2004 年）や千葉明『なぜアメリカでは議会が国を仕切るのか？』（ポット出版，2014 年）は，筆者も当地着任直後から大変参考にしたが，いずれも出版から日が経っている。また，立法過程や上院下院の相違・特徴等につき，もう少し説明した方が良い部分もあると考えた。

本書では，実務上有益と思われる点を詳しく説明した一方で，立法過程や歴史的経緯の詳細は触れていない。学説や先行研究等も扱っていないところ，研究者の方々は物足りなく感じることと想像する。内容に関して誤りや不十分な点があれば，ひとえに筆者の非力によるところであり，ご寛恕と批判・助言を頂ければ幸いである。本書で示された見解は筆者個人のものであり，所属する組織や日本政府の見解を示すものではない点も申し添える。

本書の出版にあたっては，多くの方々に大変お世話になった。本文については，東京大学名誉教授で防衛大学校校長の久保文明先生，森肇志東京大学教授，森聡慶應義塾大学教授，そして北米三菱商事社長を経て現在東洋文庫専務理事を務められている杉浦康之様に，アメリカ政治外交史，国際法，ビジネスの観点から大所高所のコメントを頂戴した。個々の名前は挙げられないが，連邦議会議員，議会スタッフ等との面会や意見交換を通じて得た示唆は数えきれない。表紙とイラストは，旧知のイラストレーターのチャイコフ様に連邦議会のイメージが湧くすばらしい作品を描き下ろして頂き，感謝に堪えない。在米日本大使館の議会班の同僚からも様々な示唆と助言を受けた。そして有斐閣の渡邉和哲氏，小室穂乃佳氏，嶋田千春氏には企画，構成，デザイン，内容の全ての面でご協力頂いた。筆者が海外にいるため連絡調整で色々な負担をおかけしたが，刊行にたどり着けたのは，編集の中心となった渡邉さんの支援なしには考えられない。最後に，帰宅後の夜や週末に本書を書くのを温かく見守ってくれた家族に感謝したい。

2023年7月

石垣友明

・本書においては，アメリカ合衆国は，読みやすさ，わかりやすさの観点から，日常でよく使われる「アメリカ」の表記を使用する（「米国」「合衆国」ではなく）。

・アメリカ連邦議会については，アメリカ国内の各州にある州議会と区別する観点から，原則として「連邦議会」の表記を使用する。

・立法過程に関する用語については，日本語訳として確定していないものも多く，先例研究や関連書籍でも表記が統一していないことが多い。本書では，先例も踏まえつつ，英語の原義を考慮し，日本語として平易で意味がとらえやすい日本語に訳出し，英語の原語がわかりやすいように併記している。訳出しにくい用語（フィリバスター，パーラメンタリアン，イヤマーク等）はカタカナ表記としている。

・合衆国憲法の日本語訳については，松井茂記『アメリカ憲法入門〔第9版〕』（有斐閣，2023年）を使用した。

目　次

■ 第*1*章

独立・分権的な上院と下院

1 はじめに

アメリカ連邦議会を理解する上で，一番重要な点が何かと問われれば，それは上院も下院も完全に独立した別個の組織であり，三権分立の中で，とくに行政府とも切り離された機関であるということであろう。日本において，アメリカの連邦議会が連邦予算および法律の策定権限を独占し，行政府は予算編成や法案提出ができないことは比較的知られているが，行政府と立法府が実際にどれだけ別個の機関として機能しているかは十分理解されているとは言えない。さらに，連邦議会の上院と下院が別個の機関として機能していることは，ほとんど認識されていない。こうした点は，いずれも一見当たり前のように思われるが，とくに日本の議院内閣制を知っている人にとっては，非常に誤解されやすい。日本では，「政府・与党」という言葉が頻繁に使われるが，この前提でアメリカの政治を考えようとすると，まず混乱することは避けられない。また，日本の国会における衆議院，参議院との比較で，連邦議会の上院下院を考えようすることも適当ではない。

たとえば，大統領制であることもあり，「与党・野党」という表現や説明も誤解を招く可能性が高い。連邦議会の特徴を理解するには，意図的に別個の存在として設立された，上院と下院の特徴について，歴史的な経緯を含めて知る必要がある。この章は，その特徴と基本的な事実関係を概観する。

2　上院と下院――その沿革と特徴

アメリカ建国当初，連邦議会の創設につき議論していた際，建国の父の一人のトマス・ジェファーソン（Thomas Jefferson）が，なぜ一院制ではなく二院が必要なのかをジョージ・ワシントン（George Washington）に尋ねたとされる。ワシントンは，二院制が必要な理由として，多数者の一時的な激情に左右されるのではなく，落ち着いて判断する者の存在が必要である旨述べたとされる。その際，ワシントンは，上院をティーカップのソーサー（受け皿）に例え（当時，熱い紅茶を冷ます際に，わざとソーサーにお茶をこぼして飲んだといわれる），多数派の意見が支配する下院の判断を検証・見直す上院の役割を示した。後章（→第7章2（1）参照）でも触れるが，アメリカ独立当初は，英国の専制に対する反発が強く，また13の植民地の自主性を尊重する意見が根強かったことから，権力の集中と独断専行を意識的に排除する考えが通底していた。そのため，上院と下院の構成や任期，権限は意図的に分断され，立法府内でもチェック・アンド・バランスを徹底するようにされていた。このティーカップの挿話は上院と下院の役割の違いと二院制の必要性を端的に示す話としてよく知られ，連邦議会の概説書では頻繁に紹介される。

また，建国当初は，国政の重要な意思決定を行う機関として，行政府よりも議会が中心に考えられたと言われる。そのことは，合衆国憲法冒頭の第1条において連邦議会の権能が列挙され，次いで大統領の行政権限を定めた第2条が規定されていることからも推測できる（司法は第3条で規定）。合衆国憲法に個別具体的に明記された権限は，連邦議会の権威と権力の源泉と考えられていた。このことは行政府（大統領）の権限について連邦議会ほど詳細な記述が合衆国憲法にないことと対照的である。もちろん，後述するとおり（→第7章1~4），連邦議会の権限は，連邦議会，大統領（および行政府），そして最高裁判所が実行を積み重ねる中，それぞれの権限が明確化されてきているとも言えるが，同時に三者の関係は他の権限の拡張を抑制しようとする不断の試みとも表現できる。

(1)　下院の特徴

下院（House of Representatives）は定員435名であり，任期は2年で，全員が改選される。それぞれの州内の選挙区から1名ずつ選出され，選挙区は10年に1回の人口調査に基づき見直される。下院は直接選挙制で，住民が直接選出することから，住民の意見を反映する利益代表としての議員が選出されることが前提とされていた。下院の別称がPeople's Houseであり，議員および有権者の双方が，議員が有権者の代表であることを強く意識することも，こうした歴史的沿革に起因する。

下院の大きな特徴は，多数党が支配する場であることである。これは人数が少なく，審議引き延ばし（フィリバスター→第2章5(3)参照）をはじめとする個別の議員の権限が比較的大きい上院と対照的に，下院は過半数を制する党が圧倒的な優位を持つ。それは，議長の選出，委員会の委員長の指名，本会議，各委員会における議題の選定や議事の進行，それぞれの委員会の運営に関する予算の配分のあらゆる面に至る。多数党でなければ，超党派の合意がない限り，法案を成立させるどころか，法案審議の可能性も閉ざされることになる。それ故，下院議長（党内序列1位），多数党の院内総務（序列2位），院内幹事（序列3位）等から構成される指導部の権限は強大であり，その考えが同じ政党出身の大統領と異なる場合，政策の実現に影響を及ぼすこともある。

図1-1　2023年以降の下院の議席配分

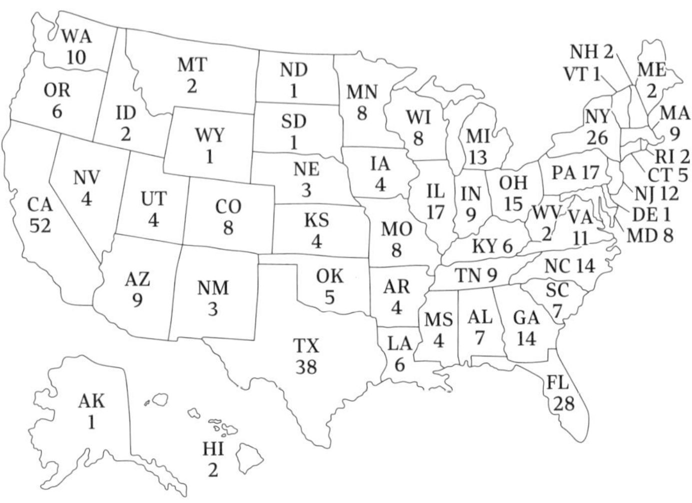

注：2020年の人口調査により決定

下院は，各州の人口に応じて定められる選挙区に基づき選出される。そのため，人口の大きいカリフォルニアは52名，テキサス38名，フロリダ28名，ニューヨーク26名であるのに対し，人口の少ないアラスカ，デラウェア，ノースダコタ，サウスダコタ，バーモント，ワイオミング州は1人区（representative at-large）である（→図1-1参照）。各州内の選挙区の区割りはそれぞれの州によって異なる方式で定められ，時期に応じて特定の党に有利・不利となる（→第6章3参照）。

(2)　上院の特徴

上院（Senate）の定員は100名であり，任期は6年であるが，改選は2年ごとに3分の1ずつ行われる。議員は州の規模・人口の多寡にかかわらず，各州から 2 名が選出される。これは，連邦議会設立当初，上院は各州の議会で選出された議員が代表することにより，各州の均衡を維持するための妥協がされたためである（なお，独立当時，各州は実質的に独立した国家に近い形態を取っていたことから，「邦」と訳されることが多いが，以下便宜のため「州」を使用する）。すなわち，独立当初の 13 州の中で，面積や人口の多いバージニア，メリーランド州と小規模なロードアイランドやバーモントといった州との間での均衡を図るために，規模の大小にかかわらず，各州 2 名の代表を州議会から選ぶこととされた。上院議員については，当初は各州住民の代表というよりも，各州の合議体である連邦議会への州代表としての性格を有していたと言える（その後 1913 年の合衆国憲法改正により，修正第 17 条が成立し，上院についても各州住民の直接選挙によって選出されることとなった）。

上院のもう一つの大きな特徴は，その「継続性」である。上院を Continuing Body（継続的な組織）と別称するとおり，上院は連邦議会創設後，一度も断絶することなく継続して存在している機関である。補足をすると，連邦議会は後述するように会期が 2 年間であり，下院議員が全員 2 年間で改選され，大統領も 4 年毎に選挙で選ばれ，人員が一変する可能性がある一方，上院議員は必ず（大統領選挙および中間選挙を含む）4 年の周期を超えて継続して務める者がいる。また，下院の議事手続規則（Rules of the House of Representatives）は議会会期ごとに多数党主導によって変更されるのに対して，上院の議事手続規則 Rules of the Senate は議会会期を超えて維持され，その改正も 60 票が必要となるなど，容易ではない。6 年の任期を持つ議員が連綿と上院の伝統・規則を維持し，連邦議会創設以来の制度を継承し続けている点を上院の大きな特徴と指摘する見方は多い。

当初，上院は州の代表者が選ばれ，民主的に選出された代表によ

表 1-1　上院・下院の基本的な特徴

	特徴	人数	任期	選挙区	議長
上院	継続性	100 名	6 年（3 分の 1 が 2 年で改選）	州全体から 2 名	副大統領（実質は多数党院内総務が主導）
下院	多数党優位	435 名	2 年（全員改選）	人口比で決定。州毎で相違。	多数党が選出

（筆者作成）

る多数決に拠らず，冷静に審議することが期待されていた。上院の名がローマ共和制の Senate に由来するように，知見経験に秀でた人士が，（世情に関わりなく）国家の帰趨を論ずる機能を期待していたといえる。下院の正式名称が House of Representatives であることと対照的である（→表 1-1 参照）。

(3)　連邦議会の会期

連邦議会の会期（回次）は 2 年である。大統領選挙の年（西暦が 4 で割り切れる年）の大統領選挙と同じ日（11 月の第一月曜日の次の火曜日）およびその 2 年後の中間選挙の日（同様に定められる火曜日）に議員が選ばれ，翌年（西暦の奇数年）の 1 月 3 日から始まる 2 年間議会が開催される（議会開会日は合衆国憲法修正 20 条で法定されている）。会期（session）は最初の 1 年の第一会期（first session），後半 1 年の第二会期（second session）に分かれる。後半の第二会期も 1 月 3 日に開会する。春，夏および年末等に休会期間があるが，議長の判断で臨時に審議もできるため，厳密な休会とは言えない。議会会期の終了（adjourn）は，法案の廃案や上院における人事承認にも影響を与えることから，その日程管理は重要な意味を持つ（→第 4 章 2 (1) 参照）。

コラム　上院と下院の呼称

日本ではアメリカの連邦議会の二院を上院，下院と通称するが，アメリカでは，それぞれ Senate，House of Representatives と呼ぶため，上院・下院（Upper House/Lower House）と呼ぶことはまれである。上院・下院との呼称は，Senate の方が優越的な立場にあるとの誤解を与える余地もある。たしかに上院の方が議員の人数も少なく，席次等でも上位に扱われることがあるが，議会の権能の面では両者は平等・対等の関係にある。なぜ日本語で上院・下院との表現が一般化したのであろうか。

アメリカにおいても，上院を upper chamber，下院を lower chamber と呼ぶことはある。これは第 1 回連邦議会を開催したニーヨーク市内の市庁舎の構造による。連邦議会の所在地は暫定的なものとされ，1789 年の第 1 回連邦議会の開催地はニューヨークとされていたが，当時はフィラデルフィアの方が人口も規模も多く，フィラデルフィアに議会が移ることをニューヨーク関係者は危惧した。そのため，市庁舎を大幅に改修し，その後の連邦議会の開催地にふさわしい場所となるようにした。その際，人数の多い下院が 1 階の大きな議場に集まり，人数の少ない上院が 2 階のより規模の小さい議場に集った。これが，上院を upper chamber，下院を lower chamber と呼ぶことになった沿革である。議会は翌 1790 年から 1800 年までフィラデルフィアで開催され，その後 1790 年の法律により 1800 年からワシントン DC に移ることとされ，現在に至っている。

首都移転決定当時のワシントン DC は，ほとんど人の住まない沼地であったと言われ，10 年間の建設作業を経て，大統領の住居や議事堂が建設された（1800 年に議会がワシントン DC に移転したばかりの際は，議事堂はまだ建設中であり，上院が 1 階の会議室，下院が 2 階にある議会図書館用に用意されていた大広間で開催されていたこともある）。

上院，下院をそれぞれ「元老院」，「代議院」と訳す例も時折見られる。より慎重に審議をする会議体（deliberative body）としての上院と選挙区の代表として選出される下院の沿革や性格を表現したとも考えられるが，本書では慣例に従い，上院，下院の呼称を使用している。

3　下院の構造・制度・運営

(1)　議員の資格要件・選挙区の決定

435名の連邦下院議員となる要件は，25歳以上のアメリカ市民で7年以上市民権を有していることである。議員として選出される州に在住している必要があるが，選出される選挙区に住んでいる必要はない。下院議員の肩書は，正式にはmember of the House of Representativesであるので，呼称としてはRepresentative xxxが正式であるが，Congressman，Congresswomanと呼ばれることも多い。

下院議員は各州内の選挙区から選出される（→2 (1)）。選挙区は10年毎に行われる人口調査（census）に基づき区割りが行われる。合衆国憲法制定当時，下院議員は人口3万人当たり1人を選出する旨定められていたが，その後人口の増加と州の拡大とともに見直しが続いた。1913年の法律および1929年の常設任命法（Permanent Appointment Act of 1929）により，定員が435名と定められたことから，10年ごとに各州の選挙区の数は見直され，定数が増減する。現在は人口当たりの議席数はおおよそ70万人当たりに1人となっている。人口比に基づき議席の見直しが10年ごとに行われることから，日本で問題になる一票の格差はあまり議論にならない。その一方で，個別の選挙区の区割り（redistricting）は政治的に大きな論議を呼ぶ（→第6章3参照）。

州ごとの議席配分の見直しの具体的な例を挙げれば，2020年の人口調査の結果，カリフォルニア，ニューヨーク等の州の議席数が減少する一方，テキサス，フロリダ，オレゴン等の議席数が増加した（→図1-2参照）。こうした人口調査に基づく見直しは，選挙区の

図 1-2　2023 年の下院選挙区の増減

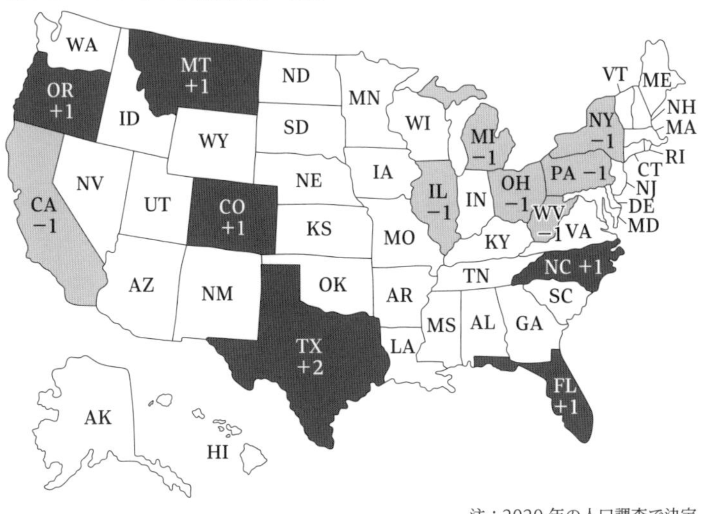

注：2020 年の人口調査で決定

情勢の変化だけでなく，アメリカ国内でどの地域がより人を集めているか，さらには他の地域との比較で経済的な発展を遂げているかを理解する参考となる。

実際，最近ではコロナ禍の中で，カリフォルニア州等の西海岸からテキサス州オースティンに多くの人が転居し，その結果共和党色が強かった同市近郊に民主党支持者が多く転入することで，選挙にも影響を及ぼすとの指摘もされている。同様に，コロナ禍の初期に人的・経済被害の大きかったニューヨーク州から，ロックダウン等の規制を早期に解除したフロリダ州に転居する人も増大し，その結果フロリダの不動産価格が上昇するなど，経済活動がさらに活発化したとの指摘もある。

(2)　多数党主導の議事運営

下院は多数党が圧倒的な権限を持つ機関である。下院議長は多数党から選出され，法案の審議日程から採決のタイミングまで決めることができる。また，下院内の各委員会の委員長，小委員会のポストもすべて多数党から選ばれる。多数党となると，議会の運営のための予算も少数党よりも優遇され，スタッフの雇用，海外出張の費用の支出も含め，少数党の約3倍の規模を手にすると言われている。これに対して少数党は院内総務（minority leader）の下で各委員会，小委員会の筆頭（ranking member）を指名し，多数党の議事運営に対抗することとなる。ただし，下院の運営を定める議事手続規則は過半数を有する多数党だけで決められることから，少数党ができることには限界がある。極端な場合，少数党の議員は法案を提出しても，本会議あるいは委員会でも全く審議の機会を与えられないこともある

(3)　下院の委員会

下院に設置されている委員会は表1-2および表1-3のとおりである。委員会には，上下院ともに常任委員会，特別委員会，合同委員会の3種類がある。常任委員会（standing committee）は，上下院の議事手続規則によって設置が定められている。特別委員会（select committee/special committee）は，設置の期間や所掌事項が限定されていたり，立法権限がなかったりする（諜報特別委員会は立法権限を持つ）。合同委員会（joint committee）は，上下院の双方の議員から構成され，法律や合同決議（joint resolution）（→第2章3 (2) 参照）に基づき設置されている。合同委員会は，立法権限を持たず，その主たる業務は立法関連の情報収集と議会内の管理業務である。多くの委員会には下部組織として小委員会が存在する（合同委員会には小委員会は存在しない）。各下院議員は通常，2つの委員会と4つの小委員会に

表 1-2　第 118 議会の下院常任委員会（アルファベット順）

	委員会名	原　文
1	農　業	Agriculture
2	歳　出	Appropriations
3	軍　事	Armed Services
4	予　算	Budget
5	教育・労働	Education and Workforce*
6	エネルギー・商業	Energy and Commerce
7	倫　理	Ethics
8	金融サービス	Financial Services
9	外　交	Foreign Affairs
10	国土安全保障	Homeland Security
11	議院管理	House Administration
12	司　法	Judiciary
13	天然資源	Natural Resources
14	監督・説明責任	Oversight and Accountability**
15	規　則	Rules
16	科学・宇宙・技術	Science, Space, and Technology
17	中小企業	Small Business
18	運輸・インフラ	Transportation and Infrastructure
19	退役軍人	Veterans' Affairs
20	歳　入	Ways and Means

＊　従来は Labor であったが，第 118 議会に共和党が多数となり，Workforce と改称された。

＊＊　従来は Reform であったが，Accountability に改称。　（筆者作成）

所属するが，例外も少なくない。

上下院の各委員会は業務運営のための予算とスタッフが与えられている。予算・スタッフは各委員会内で，多数党，少数党別に配分

表1-3　第117議会での下院の特別委員会・合同委員会

	委員会名	原　文
1	諜報特別委員会	Permanent Select Committee on Intelligence
2	気候危機特別委員会	Select Committee on the Climate Crisis
3	経済格差・公平特別委員会	Select Committee on Economic Disparity and Fairness in Growth
4	議会近代化特別委員会	Select Committee on the Modernization of Congress
5	1月6日議会襲撃事件調査特別委員会	Select Committee to Investigate the January 6th Attack on the United States Capitol
6	経済合同委員会	Joint Economic Committee
7	議会図書館合同委員会	Joint Committee on the Library
8	印刷合同委員会	Joint Committee on Printing
9	租税合同委員会	Joint Committee on Taxation

注　共和党が多数党となった第118議会においては，上記2～5が廃止され，合衆国と中国共産党間の戦略的競争に関する特別委員会（Select Committee on the Strategic Competition Between the United States and the Chinese Communist Party）が新たに設けられた。
（筆者作成）

され，委員長が決定する。下院議長は予算を「公平に（fairly）」に配分するように各委員長に求めているが，慣例として少数党は多数党の3分の1程度の予算が配分されると言われる。各委員会および小委員会には，委員会専属のスタッフが配置される。

各委員会の委員長は，多くの場合，その委員会に在任する多数党の議員の中の在任期間（seniority）で決定される。各委員会で在任期間が長くなれば，所掌する問題に精通するだけでなく，在任順の序列で上位に位置することで，小委員会の委員長（または少数党筆頭），さらには委員会の委員長（または筆頭）になることが可能となる。過去において，委員会ポストの選任に関し，この在任順の序列は絶対的であった。最近では上下院議長（上院は多数党院内総務）の指導力の強化に伴い，在任順の序列だけではなく，党指導部の考慮によって決定される傾向が強まっている。一定程度の当選回数を重ねた議員が，在任期間が他の議員と比べて短い場合でも委員会ポストへの就任希望を公言することも珍しくなくなっている。歳入委員会，歳出委員会等の有力な委員会に就きたい議員は積極的に働きかけを行い，委員長ポストについては，事実上「立候補」のような形で就任意欲を表明し，同僚議員や指導部の支持を得ようとする。

なお，共和党は1995年に大幅な議会改革を行ったギングリッチ（Newt Gingrich）下院議長の下で，委員長および小委員会ポストは，少数党の筆頭である期間も含め，3期（6年）以上就いてはならないとの内規を設けた。この改革は，一部の議員が強力な権限を持つ委員長ポストを長期間独占することを減らし，新陳代謝を促すと歓迎する向きもある一方，長期間委員会の幹部として在任することのメリットが失われ，専門的な立法に関する知見を蓄積する機運を削いだとの批判もある（民主党側にはこうした内規は存在せず，上院に関しては，共和，民主両党とも委員長ポストの任期制限はない）。

(4)　指導部の強固な影響力

下院は多数党，少数党ともにトップダウンで意思決定を行う。多数党，少数党ともにそれぞれ会派（共和党は conference，民主党は caucus と自らを呼ぶ）を構成し，票決に際しては一丸となって投票することが想定されている。それぞれの会派には院内総務（leader），院内幹事（whip）が選出され，それ以外にも指導部（leadership）と呼ばれる幹部が選ばれ，会派の意見集約は意思決定に関わる。また，各会派にはその議長（cau-

表1-4　下院指導部の構成

序列	多数党の場合	序列	少数党の場合
1	議長（Speaker）		
2	院内総務（majority leader）	1	院内総務（minority leader）
3	院内幹事（majority whip）	2	院内幹事（minority whip）
4	会派議長（conference/caucus chair）	3	会派議長（conference/caucus chair）
—	会派副議長（vice chair）	—	会派副議長（vice chair）
—	会派書記（secretary）	—	会派書記（secretary）
5	党選挙対策委員会（NRCC/DCCC Chair）	4	党選挙対策委員会（NRCC/DCCC Chair）

注　共和党は副議長よりも選挙対策委員長の序列が高く，政策委員長（Chairman, Republican Study Committee）も重視される。民主党には下院議長（院内総務）補佐（Assistant Speaker/Leader）という役職もある。　（筆者作成）

cus/conference chair）が選ばれ，その副議長(vice-chair)，書記(secretary)および選挙の実働部隊である選挙対策委員会委員長とともに指導部を構成する。両党の下院委員会は，共和党下院選挙対策委員会 National Republican Congressional Committee（NRCC），民主党下院選挙対策委員会 Democratic Congressional Campaign Committee（DCCC）と呼ばれる。指導部の主要メンバーの構成や序列は，共和・民主党の内規によっても，会期によっても異なるが，一般的なイメージは以下のとおりである（→表1-4参照）。会派の議長は，それぞれの党の議会での主張を党内議員および外部に対して周知・発信することが主たる役割とされる。指導部は下院議長も含め，議員の互選により選出されるが，その際には在任期間等も考慮される。

下院において多数党の指導部が大きな影響力を行使できるのは，

法案や予算審議の前提となる議事手続規則を多数決で決定できるからである（上院においては議事手続規則の変更も基本的には60票の賛成が必要であり（→4 (2)），上院と下院の性格を大きく変えている）。議事手続規則は連邦議会の会期冒頭に決定されるが，その際に多数党は，自らに有利な形で様々な変更を加える。多数党は特別委員会の設置も決めることができ，党指導部が各委員会の委員長，小委員長を決定する上で大きな影響力を行使する。また，議長（または少数党の院内総務）を筆頭とする指導部で構成される運営委員会（Steering Committee。民主党はDemocratic Steering and Policy Committeeと呼称）が各議員の委員会の所属を決定する。そのため，各議員は，自分が重視する法案を審議・可決させることを望む場合，一定程度指導部の意向に沿うべき理由が生まれる。

その一方で，党の指導部は自党の議員に対し，法案等の採決に際して強力な指示はできない。院内総務，院内幹事などは重要な投票では票読みを行い，法案・決議案が可決するように造反しそうな議員に強く働きかけるが，その手法は基本的に説得である（院内幹事のwhipという名称は，古くイギリスにおけるキツネ狩りで，狩猟犬が群れから外れないように「鞭打つ」という語から来ていると言われる）。仮に一部の議員が反対しても，直接制裁することはできない（その後の委員会等の人事等で不利益を及ぼすことは考えられる）。歴史的にもアメリカの政党の求心力は弱く，正式な党首も存在せず，綱領もない。予備選挙で勝てば党指導部の意向に関係なく，本選の候補になってしまうので，当選後の忠誠心にも限りがある。最近の連邦議会において，多数党と少数党の議席数の差が少ない場合には，数名の造反が法案の帰趨を決してしまうことから，指導部が議員をまとめるのが一層重要となる。たとえば，第117議会では多数党の民主党の議席220に対し，共和党が211であった（4名が空席）。2023年1月からの第118議会の議席数は共和党222，民主党213であり，いずれの議会でも過半数となる218票を確保するためには，票の取りこぼしがほとんど許されないことが理解できる。

(5)　下院の先議事項

下院が上院に対して，優先的に審議することが認められているのが，租税・予算に関する事項である。これは合衆国憲法第1条第7節において歳入（revenue）に関する事項は下院から審議されることが規定されていることに起因する（歳入委員会は下院のみ存在する）。そのため，連邦予算は下院から審議されるのが通例となっている。

(6)　代議員の存在

下院には，ワシントンDC（コロンビア特別区）の代議員（delegate）も選出され，審議に参加している。また，アメリカの海外領土であるグアム，バージン諸島，米領サモア，サイパン，北マリアナ諸島から1名の代議員が参加している。プエルトリコからは常駐代表（resident commissioner）が参加している。これらの代議員・代表は，本会議での投票権を持たない。それ以外の権利は下院議員と同様であり，委員会において法案を提出したり，修正したり，委員会・本会議での審議等に参加できる。

4　上院の構造・制度・運営

(1)　議員の資格要件

100名の連邦上院議員となる要件は，30歳以上の米国市民で9年以上市民権を有しており，選出される州に在住していることである。年齢制限および市民権を取得してからの期間が下院に比べて厳しく設定されていることも，上院が下院に比べて経験と知見に基づき，より慎重な判断をすることを期待したことの表れといえる。また，上院議員は州に2名しかいないことから，先に選出された議員を senior senator，後に選挙で選ばれた議員を junior senator と呼称する。

Senator の肩書は退任後も使われ，アメリカ国内において上院議員に示される社会的な敬意の表れと言える（アメリカ国内では，退任後も使われる呼称は多くなく，大使，軍の将官等少数にとどまる。下院議員は退任後も Congressman と呼ばれることはあるが，慣習とまではいえない)。上院議員と下院議員の間の序列は明確で，制度上は上院と下院の間に優劣はないが，会合での席次やスピーチの順番等では，必ず上院議員が格上として扱われる。その背景には歴史的な経緯に加え，上院議員は全国に100名しかおらず，州全体を代表する者への敬意があると考えられる。

なお，上院議員の間の序列は基本的には議会への参加の順番（当選日）となる。ただし，当選日が同じ場合はそれまでに歴任した他の議会・政府関係の職責（連邦下院議員や州議会議員等の在任歴）等を考慮する。それでも同じ場合には，選出された州のアメリカ合衆国へ編入した順番で決められる（独立当初の13州にも編入順があり，1番目がデラウェア，13番目がロードアイランドである)。

(2)　個々の議員の重要性と60票確保の困難

上院が下院と大きく異なる点は，審議・意思決定のほとんどについて，3分の2または60票の賛成が必要となる点である。このことは議事手続規則の修正が多数党の力だけでは実質的にはできないことも意味する。一見技術的なこの違いは，上院の審議・意思決定を根本的に特徴づけている。前述のとおり（→3 (2) 参照)，下院においては2年毎の新たな議会会期の開始時に多数党が自らに有利な形で議事手続規則を決定し，法案の審議・採決についても単純過半数で達成できる。これに対して，上院は毎回の議会会期の開始時に議事手続規則を改定することはできない。それは議事手続規則の変更には 60 票が必要と示されており，勢力が伯仲する二大政党制の中で変更することが極めて難しいためである。実際，過去に多数党が 60 議席以上を確保した例は少なく，第二次世界大戦後では民主党が優位を誇った 1959～69 年，1975～1979 年に留まる（ただし，1960 年代は民主党内の対立もあり，公民権法等の重要法案の成立のために 60 票を得ることは容易ではなかった）。議事手続規則の変更が容易ではない他の理由には，選挙を経ても議員 100 名のうちの３分の２は改選されていない上院の継続性（continuity）を挙げる向きもある。すなわち，上院では過去の経緯を知っている議員が常に在任しているため，意思決定方式を大幅に変更が困難であるとされる。そのため上院の意思決定は下院よりも緩慢・慎重（glacial, incremental）であるとも言われる。

この議事手続規則の硬直性が最も端的に表れるのが，上院における審議時間の上限の不存在および個別議員に与えられた無制限の発言時間である。下院においては議事手続規則において審議時間の上限を（多数党にとって有利なように）決定し，審議の終局と採決への移行を賛成多数で決めることができる。これに対して，上院では審議時間の上限が定められておらず，各議員の発言時間にも制限がない。審議を終了し，採決に移るためには原則として全会一致（unanimous consent）が必要であり，これは１名でも上院議員が反対すると，審議を終局にできないことを意味する。これが一般にフィリバスター（filibuster）と呼ばれる手続である。全会一致を確保できない場合，多数党の院内総務は審議を終了させるための動議（クローチャー（cloture）と呼ばれる）を提起することもできるが，クローチャーが採択されるためには，上院議員の 60 票の支持が必要となる。票読みの結果，多数党の院内総務が60票を確保できないと判断する場合には，クローチャーを提起することは実質的に困難であり，事実上審議は停滞することとなる。

(3)　フィリバスターの意義

フィリバスターを審議妨害，審議引き延ばしと考え，日本における牛歩戦術や長時間の演説による審議引き延ばしと同様に見る向きもあるが，アメリカでは長時間の演説をすることで審議を引き延ばす例はそれほど多くはない。委員会で可決された法案でも，法案の内容を理由に採択のために必要な60票が得られない場合には，本会議での成立の見通しが立たず，なかば棚ざらしの状態で留め置かれることになる。その間に上院議員の間で，法案を成立させるための妥協のための交渉が水面下で行われることとなる。

フィリバスターについては後述するが（→第2章5 (3) 参照），この上院での審議方法は法案の成立まで時間がかかり，特定の議員や少数党に不当な権限を与えることから改革すべきとの主張は古くから存在する。しかしながら，多数決による下院の拙速な意思決定を上院が慎重に判断すべきと考えた建国当時の制度設計を維持するだけでなく，少数党にとって自らの主張を反映させる有効な手段でもあることから，その簡素化・廃止は進まないのが現実である。

(4)　ボトムアップの意思決定

上院は人数が100名しかおらず，任期も6年にわたり，一回の選挙で3分の1しか改選されないことから，議員同士の連帯感が強く，党派を超えて協力する性格が強いと言われる。この性格は，21世紀以降民主・共和党の党派対立がより先鋭化する中で徐々に弱まっているとの見方もあるが，上院においては下院以上に各議員がそれぞれの判断で投票することから，下院のトップダウンに比して，ボトムアップ型の意思決定と言える。もちろん，上院にも多数党，少数党ともに指導部が存在し，多数党の majority leader 上院院内総務，majority whip 院内幹事が大きな影響力を有する。とくに多数党の上院院内総務は，議事手続規則上，最初に発言する権限を与えられていることから，どの法案を提出し，採決をするかを方向付ける実質的な力を持っている（ただし，60票を確保することが難しいことは前述（→4（2））のとおり）。

上院で多数党・少数党の院内総務が自分の党の議員の票数を取りまとめるのに苦労することを「猫の群れを集める（herding cats)」と表現したり，「カエルを手押し車に乗せたままにする（そして飛び出させない）（keep frogs in a wheelbarrow)」としばしば例えられる。カエルの例は議員の数が多い下院を表すこともあるが，いずれも自らの信条に基づき行動する議員を統制することが容易でないことを端的に表している。

(5)　議長職

上院議長は副大統領が務めるが，通常上院議長は投票に参加しない。ただし，2021-2023年（第117議会）は，民主党，共和党の議席数が50対50であり，賛否同数となることがあることから，議長が投票する回数が過去に比べて多かった。副大統領が務める上院議長は常に議会にいる訳ではなく，上院仮議長（President *pro tempore*）が通常の議事進行を担う。仮議長は多数党の中で最も在任歴が長い議員が選出されるのが慣例である。ただし，多くの審議の議事進行は，その都度指名される Presiding Officer（議事主宰者と訳されることもある）が行う。一日の審議進行が複数の presiding officer によって行われることは珍しくない。

下院と同様，上院にも多数党，少数党ともに指導部が存在し，それぞれの運営委員会（民主党は Democratic Steering and Outreach Committee, 共和党が Republican Committee on Committees）が委員会への各議員の所属を決める。

(6)　上院固有の権限――条約の承認と高官人事の承認

上院のみが持つ権限としては，条約の承認および最高裁を含む連邦裁判所判事，連邦政府の高官人事の承認が挙げられる。いずれも合衆国憲法第２条第２節に規定された大統領の権限に由来する。同条では，大統領は上院の助言と同意（advice and consent）を得て，上院の３分の２以上の同意により条約を設け（to make Treaties），大使や最高裁判事，軍や政府の高官の指名を行うとされる。承認には過半数の賛成が必要となる（条約の承認は→第５章3，人事の承認は→第４章1 (2) 参照）。

条約の承認に上院が関与するのは，建国当初から国の命運を左右する外国との関係構築（当時はアメリカ先住民との条約締結も論点となっていた）には，立法府の承認が必要であるとの考えに基づく。イギリスの君主制に対する反発・警戒も相まって，行政府の専横を抑止するためにも，対外関係の維持・構築に連邦議会の関与を条件づけたと言える。しかしながら，上院での条約承認の要件が厳しいことから，その後アメリカが主要な条約・国際的な体制に参加できないことが少なからず発生している。代表的なものとしては，第一次世界大戦後に設立された国際連盟，国連海洋法条約（167 か国および EU が締結），気候変動に関する京都議定書（191 か国と EU），国際刑事裁判所（123 か国・地域），国際人道法を規定したジュネーブ諸条約第１追加議定書（174 か国）等に加入していない（いずれも 2023 年１月現在）。また，行政府においては，連邦議会の承認を経ずに締結できる国際約束を締結する傾向も強まっている。

最高裁判事や政府・軍の高官の人事に上院の承認を条件とした背景には，大統領が任命権限を独占することで自らに近い者を任命することを可能にし，君主制に近い体制ができることへの懸念があったと言われる。また，各州2名の代表が選出される上院が承認することにより，（下院のように）人口の多い州の賛成が優先され，人口の少ない州の意向が無視される人事とならないように配慮したためとも考えられている。この承認人事については，上院の閉会期間中に大統領が指名を行い職に就けてしまう慣行も行われたことから（閉会中任命（recess appointment）と呼ばれる），本来は長期の休会である期間も，上院側が形式的に審議を行うという対抗手段をとることもある（形式的な会期（*pro forma* session）と呼ばれる（→第4章1（2）参照））。

（7）　上院の委員会

2023年1月現在の上院の委員会は表1-5および表1-6のとおりである。上院も下院と同様，常任委員会，特別委員会，合同委員会の3種類がある（それぞれの概要，予算および職員の配置については→3（3）参照）。上院において，委員会は重要度等を基準にA，B，Cの3種類のクラスに分類され，各議員は，クラスAについては2委員会以内，クラスBについては1委員会以内，クラスCについては制限なく務めることができることになっている。ただし，民主党，共和党それぞれに内規があり，各議員はおおむね主要な3委員会ないしは4委員会に所属する。

ちなみに，各党の内規では，この3クラスの中でもとくに重要と目されるスーパーAクラスの委員会を指定し，それらの委員会を兼務することを制限している。民主党は，歳出委員会，金融委員会及び軍事委員会をスーパーAクラスと定め，共和党はそれに外交委員会を加えている。この制限が適用されないこともあるが，こ

表1-5　上院の常任委員会（アルファベット順）

	委員会名	原　文	クラス
1	農業・栄養・森林	Agriculture, Nutrition, and Forestry	A
2	歳　出	Appropriations	A
3	軍　事	Armed Services	A
4	銀行・住宅・都市問題	Banking, Housing, and Urban Affairs	A
5	予　算	Budget	B
6	商業・科学・運輸	Commerce, Science, and Transportation	A
7	エネルギー・天然資源	Energy and Natural Resources	A
8	環境・公共事業	Environment and Public Works	A
9	金　融	Finance	A
10	外　交	Foreign Relations	A
11	保健・教育・労働・年金	Health, Education, Labor, and Pensions	A
12	国土安全保障・政府問題	Homeland Security and Governmental Affairs	A
13	司　法	Judiciary	A
14	規則・管理	Rules and Administration s	B
15	中小企業	Small Business and Entrepreneurship	B
16	退役軍人	Veterans' Affairs	B

（筆者作成）

の指定は，上院議員の間での特定の分野の人気あるいは重要性の評価の表れともいえる。

多くの委員会には下部組織として小委員会が存在し（合同委員会

表1-6　上院の特別委員会・合同委員会（アルファベット順）

	委員会名	原　文	クラス
1	印刷合同委員会	Joint Committee on Printing	C
2	租税合同委員会	Joint Committee on Taxation	C
3	議会図書館合同委員会	Joint Committee on the Library	C
4	経済合同委員会	Joint Economic Committee	B
5	インディアン（先住民）問題	Indian Affairs	C
6	倫理特別委員会	Select Committee on Ethics	C
7	諜報特別委員会	Select Committee on Intelligence	A
8	高齢化特別委員会	Special Committee on Aging	B

注　インディアン問題委員会，諜報特別委員会は立法権限を持ち，倫理特別委員会，高齢化特別委員会は立法権限を持たない。なお，インディアン問題委員会は1984年に常設とされた。
（筆者作成）

には小委員会は存在しない），各議員は委員会内の複数の小委員会に所属することが多い。上院は議員数が100名と少ないこともあり，各議員は委員会と小委員会を合計すると10以上に所属することも多い。

5　連邦議会の立法範囲——州との関係

(1)　連邦と州の二元的な関係

アメリカは13の植民地がそれぞれイギリスから独立し，その連合体としてアメリカ合衆国を構成した歴史的経緯からも，各州は現在も半ば主権国家に近い法形式を持っている。外交や国防に関する権限は各州政府にはないものの，各州はそれぞれ憲法，刑法，民法等の法制度を持ち，司法も州毎に最高裁判所まで有している。州は警察も保有し，州内の自治体もそれぞれ別個の警察組織を有している。州議会も上院，下院を持ち（ネブラスカ州のみ一院制），連邦議会議員の選出方法も各州によって異なる（→第6章参照）。このように各州が立法に関し相当の裁量と自律性を持つ中，連邦議会の立法権限と州議会の権限の関係は，建国以来大きな論点となってきた。

(2)　憲法上の連邦議会と連邦法の位置づけ

連邦議会の立法権限は，合衆国憲法第1条第8節に18項目にわたって列挙されている。これは連邦政府および議会が，各州の行政および立法権を侵食することを警戒する意見が憲法制定時に出されたことも踏まえて，限定的に列挙したものと言われている。その中でも主要なものと考えられているのが，課税権（第1項），歳出権（第1項）そして後述の州際通商規制権（第3項）である。これは，建国当初から（1789年の合衆国憲法制定までの間でも），すでに対外関係における関税の設定等につき国家として統一的に対応する必要や，連邦政府の財政基盤を整備する必要が生じたためである。19世紀半ばに入ると，奴隷制を巡り北部・南部諸州が対立し，連邦内の制度を調整する必要も高まった。このような現実の必要性を踏まえ，連邦議会による立法の範囲が形作られていった。

また，合衆国憲法は第6条において，憲法に従って制定された法律および合衆国の権限の下で締結された条約が，国の最高法規であると定め，州の法律に優越する旨規定している。そのため，連邦議会が定めた法律は，その法律そのものが合衆国憲法に違反していると判断されない限り，州法に優越することになる。

(3)　州際通商条項の運用と立法の実際

現在も各州は，その州の領域内での個々人の権利や義務に関する刑法を含む法律を定め，租税に関する一定の立法も行っている。これに対し，連邦議会は，反逆，海賊，通貨偽造，州際通商に関する違反等の連邦全体に関する違法行為を法律で定めたり，あるいは奴隷制の禁止や公民権法のように全国統一的な差別の禁止等に関する規範を設定している。また，連邦議会は合衆国憲法第1条第8節第3項に規定されている「外国との通商及び州際間の通商」を根拠に，州の間の人の移動や取引に関連した規制を導入できるとされている。この「州際通商条項（commerce clause）」に関しては，1930年代のニューディール政策関連の法律について，連邦最高裁が連邦議会の立法権限を制限的に解釈し，憲法違反と判断した経緯がある。その後最高裁が判断を変えることにより，経済社会政策に関する連邦議会の立法権限がより広範囲に認められるようになった（→第7章3参照）。

合衆国憲法第1条第8節第18項に規定されている「この憲法によって合衆国政府またはその部局もしくは職員に付与されたすべての他の権限を実施するのに必要かつ適切であるようなすべての法律を制定する」権限も，全国規模での経済社会政策に関する立法を行う上での根拠と考えられている。同項の「必要かつ適切」と考えられる立法の範囲をより柔軟に解釈することにより，立法実績が増えていった。

ただし，こうした連邦最高裁による連邦議会・政府と州議会・政府の権限の配分や関係についての評価は，個別事例ごとに異なる場合もあり，現在も慎重に判断されることもある。2017年以降の連邦最高裁の保守化に伴い，銃規制や人工妊娠中絶に関する判断では，連邦議会・政府の権限を制限的に解釈し，州およびその住民の自主性や裁量を広範に認める例も増えてきている。

6 まとめ――分権的な議会の構造

以上概観したとおり，アメリカ連邦議会の制度の根本には，13州がイギリスの専制に対抗して独立を達成した歴史的な経緯が色濃く反映されている。すなわち，行政権の独占的な権限の行使を防止し，多数派の横暴を防ぐことが，アメリカの統治制度の設計に際して強く意識されている。また，建国当初は行政権が強固ではなく，独立当時の13州の平等を尊重する考えも強かったため，行政府・議会の権限もきわめて限定的に考えられていたことも，合衆国憲法下の大統領・連邦議会の権限やその後の行政・立法権限の歴史的展開に反映されている。

こうした経緯から，連邦議会においては，上院と下院の平等が確保されるだけでなく，多数派の専横を防ぐ観点から，少数者の声が十分反映される制度設計がされた。それが上院における各州2名の代表の選出であり，下院と上院が全く同じ内容の法案に同意しない限り，法律が成立しないという制度である（→第2章2参照）。

また，下院に歳入・租税に関する優先的な権限を与え（→第2章1，2参照），上院に政府高官・裁判官の人事承認権および条約の承認権限を付与するなど，上院下院の平等を維持しつつも，それぞれに異なる機能を与えた（→第4章1 (2)，第5章3参照）。人事承認および条約承認については，大統領・行政府と連邦議会の間で権限を分有させることで，合意形成に向けた調整を意図的に増加させたと言える。ときに議会関係者が，「議会の最大の障害は大統領ではなく，もう一方の院である」と冗談めかして言うのも，あながち誇張ではない。

さらに，イギリス議会のような政党指導部からの罰則・制裁を伴

写真 1-1　フィラデルフィアにあるインディペンデンス・ホール
　ここで独立宣言が発表され（1776 年），合衆国憲法が制定された（1787 年。発効は 1789 年）。

（筆者撮影）

う党議拘束がないことも，議員間の議論が百出し，合意形成に時間がかかることを助長している。予算・法律の審議・成立には様々な妥協が必要であることから，合意形成の過程は複雑かつダイナミックであり，透明性が十分でないことも少なくない。こうした意思決定過程の複雑さが，アメリカの連邦議会の大きな特徴である。

コラム　Capitol であって Capital ではない

連邦議会のある場所は Capitol Hill と呼ばれる。首都を意味する Capital と混同されることもあるが，Capitol は元々ラテン語の Capitolium を語源とする。ローマ神話の主神ユピテル（ジュピター）の神殿が位置する場所であるローマの丘の一つ Capitoline Hill を指す（現在の Campidoglio（カンピドリオの丘））。17 世紀頃には立法府が所在する建物を指すようになったと言われる。

現在 Capitol は，主に US Capitol，Capitol building として，アメリカの連邦議会を指す際に使われる。Capitol Hill という表現もよく使われる。各州議会の議事堂も Capitol と呼ばれるが，Capitol Hill は連邦議会を指すことがほとんどである。なお，Capitol Hill はワシントン DC の連邦議会を中心とする住宅街・商店を含む地区の呼称でもある（シアトルにも同名の地区がある）。

初代大統領のジョージ・ワシントンが，1791 年に現在のワシントン DC を首都と定め，フランスの技師ピエール・シャルル・ランファン（Pierre Charles L'Enfant）に都市計画を委託した。ランファンは高台に位置した場所（当時は Jenkins' Hill と呼ばれていた）を連邦議会の所在地に定め，その後 1793 年に議事堂の建設を開始した（議事堂の詳細については→第 4 章 3 参照）。

■ 第2章

法案作成過程と手続

1　はじめに――立法過程の特徴

連邦議会の立法過程は，その不透明さでも有名である。法案提出後，審議が難航していた法案が突如本会議に提出され，可決されることもある。様々な政治的な駆け引きの結果成立する法律については，修正の経緯や最終的に条文を確定させた意図が明確でないことも珍しくない。「立法過程はソーセージ作りと似ていて，作り方は知らないほうが良い（知ってしまうと食欲がなくなる）」という挿話は，立法過程の不透明さを説明するときに頻繁に使われる。

連邦議会には議事手続規則に基づく詳細なルールが存在し，それを丹念に追うことで，立法過程を一定程度理解することができる。しかしながら，政治的に重要な法案や党派対立の厳しい法案については，通常の立法過程を経ずに，政治的な駆け引きや妥協の結果成立することが多い。もちろんこうした法案も議事手続規則に則っており，多数党，少数党は様々な規則を駆使して合意形成や妥協を図る。したがって，上院・下院における法案作成・審議・採決に関する議事手続を知ることには，連邦議会の立法過程を知る上で不可欠である。

本章においては，連邦議会において法案がどのように提出・審議・採決されるか，立法の過程の基本的な構造を概観した上で，下院，上院の手続の特徴を説明する。

2　立法過程の基本的な構造

連邦議会における法案審議・採決の原則と特徴を列挙すれば以下のとおりである。

- 上院と下院が一致しないと法案が成立しない。
- 上院と下院で並行して法案提出・審議・採決が行われる（下院が優先的に審議を行う連邦予算案を除き，一方の院の先議が決まっていることは少ない）。
- 重要法案になればなるほど，所定の手続に基づき法案が審議・採択されることは少なく，変則的な手続を経て採択されることが多い。
- 議員のみが法案を提出できる（行政府は議会に法案・予算を提出できない）。
- 提出された法案の9割が成立しない（法案は成立させることが唯一の目的ではなく，議員による有権者へのアピール，社会課題の解決等に向けた姿勢を示す等の目的も重視される）。
- 法案成立に数年かかることも珍しくない。
- 法案成立に向けた行政府の関与は限定的であり，水面下・非公式のコミュニケーションが大半を占める。
- 大統領・行政府が重視する政策も議員立法の形態をとる（1964年の公民権法等）。
- 予算も法案の形式をとる（→第3章参照）。

最終的に法律とならない決議の中には上院，下院だけで可決するものものあるが，法律は上下院で同一の内容の法案が採択され，大統領が署名することにより，はじめて成立する。連邦議会では年間6000から8000本とも言われる法案が提出されるが，一会期（1

表 2-1　2009 年以降の連邦議会での法案の審議・成立状況

議会会期	成立した法案（他の法案への統合等も含む）	大統領の署名を経て法律として成立したもの	両院で採択された法案	いずれかの院で投票に付された法案	不成立（反対多数等）の法案	その他（提出されたがその後扱われなかった）	総計（重複あり）
117 議会	565	174	628	603	19	14484	15908
2021–現在	4%	1%	4%	4%	0%	91%	
116 議会	1,229	344	714	746	24	14764	16601
2019–2021	7%	2%	4%	4%	0%	89%	
115 議会	1,085	443	758	867	14	11474	13556
2017–2019	8%	3%	6%	6%	0%	85%	
114 議会	776	329	708	662	22	10333	12063
2015–2017	6%	3%	6%	5%	0%	86%	
113 議会	448	296	663	474	20	9184	10637
2013–2015	4%	3%	6%	4%	0%	86%	
112 議会	500	284	722	390	38	10865	12299
2011–2013	4%	2%	6%	3%	0%	88%	
111 議会	639	385	1465	603	43	11177	13675
2009–2011	5%	3%	11%	4%	0%	82%	

（出典：govtrack.us の統計を和訳の上，筆者作成）

年）の審議で法律として成立するのはその 1 割にも満たないとされ，大半は本会議での投票どころか，委員会での審議もされないまま，自動的に廃案となる（法律として成立する法案の割合は，提出した法案のうちの 3～5% 程度とも言われる→表 2-1 参照）。このように法案成立が容易でない全般的な状況の中で議員は様々な動機・背景に基づき法案を提出し，審議・成立させるための努力や工夫を重ねる。

3　法案の基本的な形式と意味

(1)　法案提出の意義

連邦議会議員が法案を提出する意義はおおむね3つに大別できる。

まず，ある問題について議員が自らの関心を表明し，その問題に対して議会内，行政府あるいは世論の関心を集めることを目的とする場合である。世論喚起が中心的な目的となるこうした法案は，法案が提出したことで最大の目的が達成される。こうした法案は，具体的な法律事項（個人に義務を課したり，権利を創出したり，あるいは政策の実施を行政府に指示・授権するもの）があるとは限らず，政府に一定の問題の検討や報告の提出を求めるものも多い。また予算上の裏付けがないものも少なくない。この法案が成立せずとも，別途予算が確保されたり，他の施策が実施されること等を通じて，問題が改善・解決する端緒となれば，法案は成果を挙げたともいえる。議員が提出する法案の大半はこの種類に属する。

第二に，有権者に対して，ある問題について取り組んでいることを具体的に示すことを目的とするものである。この種の法案は，世論喚起を目的とする第一のカテゴリーに近いが，アピールする対象となる有権者は議員の選挙区の有権者に限らず，特定の産業・業界団体，社会的不利益を被っているグループ（人種，所得，疾病等の背景を共有する集団）であることが多い。こうした法案も直ちに成立するとは限らない点で，第一カテゴリーに類似するが，共同提案者を募ったり，法形式を工夫することにより，審議入り・採決・成立を目指すこともある。この類型の法案も，具体的な政策の実施等を政府に義務付けるものとは限らず，問題への関心表明が主たる目的である場合も少なくない。以上のような第一，第二の種類の法案はメッセージ重視の法案(messaging bill)と呼ばれる。日本や他国の議会を見慣れている者は，法案は成立しないと失敗という見方をしがちであるが，アメリカではこうしたメッセージ重視の法案を提出することも，議員の重要な仕事と業績と評価される。

第三に具体的な立法を実現することを目指す法案がある。経済・社会的な課題の解決を目指す観点から第二のカテゴリーの法案にも似ているが，行政府に対して具体的な政策の立案や実施を求めたり，必要な予算を確保したり，政策の枠組みを定めることにより，具体的な対応が可能な内容となっている。ただし，入念に準備された法案であっても，他の法案との審議の関係や政治的な情勢の中で，審議に至らないことも珍しくない。

このように，法案には提出すること自体に最大の意義があり，委員会での審議さえ実現しないものや，内容が無難で党派対立を招くものでなく，比較的順調に委員会から本会議を経て成立する可能性があるものもある。そして政治的に重要かつ論争を招き（党派対立も見込まれる），審議に大半の時間を費やし，上下院の指導部，さらには大統領までも巻き込む法案も存在する。提出した法案の数も，議員の実績の一つと評価されるため，多くの議員は熱心に立法活動にいそしむ。議員の投票実績も重要であり，過去の投票態度が改選の際に追及されることもある。

(2)　立法の形式

私法と公法

法案には私法案（private bill）と公法案（public bill）がある（成立したものを private law, public law と呼び，訳語としては私法律，公法律，あるいは個別法，公法とするものもある）。公法案は，個人や団体に新たな権利や義務を創出したり，政策の実施を行政府に義務づけたり，授権したりするものである。これに対して，私法案は，個々人に具体的な権利を付与するものである。例として多いのは，個人の移民・市民権に関する申立てや地位の確認を連邦政府に対して行うものである。下院においては，こうした私法案を取り上げる議事日程を設けているが，上院においては公法案と私法案の審議日程を分けることはしない。私法案の審議方法については後述する（下院については→4(3)，上院については→5（3）参照）。

法　案

大半の立法は法案（bill）の形式をとる。後述するとおり，一部の決議(resolution)も可決されて法律となる。法案は両院で採択され，大統領の署名を経ないと成立しない。大統領は法案に署名しない，あるいは拒否権(veto)を行使することもできる。大統領が署名をしない場合は 10 日間（暦日ただし日曜日を算入しない）で自動的に法律として成立する。ただし，法律として成立しない場合もあり，それは当該 10 日の期間に議会が終了(adjourn)してしまうときである。これにより大統領は事実上法案を葬ることができ（pocket veto と呼ばれる），会期末に法案を成立させる際には，タイミングに注意する必要がある。また，大統領が署名をしない場合（拒否権を発動する場合も），上下両院がそれぞれ 3 分の 2 以上の賛成で再議決する際には，法律として成立する。1980 年代以降の歴代大統領による拒否権の発動と議会がその拒否権を覆した回数は→表 2-2 の通りである。なお，歴代大統領で最も多く拒否権を行使したのはルーズベルト大統領で，通常の拒否権を 372 回，ポケット拒否権を 263 回の合計 635 回行使し，9 回議会に覆された（拒否権については→7 参照）。

法案は，通常提出順に番号が振られ，下院は H.R.xxx（H.R. は House of Representatives の略），上院は S.xxx（S は Senate の略）

表 2-2　歴代大統領の拒否権の発動状況（1981 年以降）

在任期間	大統領	通常の拒否権	ポケット拒否権	計	拒否権が覆された回数
1981-1988	レーガン	39	39	78	9
1989-1992	ブッシュ（父）	29	15	44	1
1993-2000	クリントン	36	1	37	2
2001-2008	ブッシュ（子）	12	0	12	4
2009-2016	オバマ	12	0	12	1
2017-2020	トランプ	10	0	10	1
累計（初代大統領以降）		1518	1066	2584	112

（出典：連邦議会下院ウェブサイトに基づき筆者作成）

と通称される。慣例として下院の法案番号の最初の 10 番までは多数党が，次の 10 番は少数党に与えられることが多い。それぞれの政党の指導部は，その議会会期において重視する，あるいは目玉となる法案に数の少ない番号（例えば，H.R.1）を付すことが多い。

合同決議

合同決議（joint resolution）は一義的には法案と同じであるが，既存法を修正したり，祝祭日・記念日を設けるといったより具体的な内容を規定することが多い。合同決議が両院で採択され，大統領によって署名される場合，あるいは大統領の署名を要しないで成立すると規定されている場合，法律として成立する。決議には独特の形式があり，すぐに条文を規定するのではなく，その冒頭において，決議提案の経緯や背景等について「whereas（一方で）」という接続詞を繰り返し用いた文章で説明する形式をとる。合同決議は法案と同様，番号を付される。下院においては H.J.Res.xxx，上院では S.J.Res.xxx と通称される。合同決議の一つの特徴として，合衆国憲法改正を提起する場合に使われることが挙げられる。両院の 3 分の 2 以上の賛成により採択された合衆国憲法改正は，大統領の署名ではなく，アメリカ合衆国を構成する 50 州に送付され，その 4 分の 3 の批准（ratification）が必要とされる（→第 4 章 1（5）参照）。

また，合同決議は連邦予算が期間内に成立しない際に導入される継続予算決議（Continuing appropriations resolutions：通常 CR）として使われる。後述（→第 3 章 2（3）参照）するとおり，連邦予算の審議・成立のスケジュールは法定されているものの，実際にはその日程どおりに成立することはほとんどない。そのため新年度の予算が成立するまでに，連邦政府の財源が枯渇することのないように「つなぎ予算」を策定することになるが，手段として両院で用いられるのが継続予算決議である。

ほかにも合同決議は，いわゆる宣戦布告の場合や祝日の制定の際にも用いられる。最近では，宣戦布告ではないが，2001 年の同時多発テロ後の軍事作戦の開始に際して決議が採択された（→第 5 章 6 参照）。

一致決議

一致決議（concurrent resolution）は法律としての効果を持たず，大統領による署名も要しない。一致決議の大きな目的の一つは，ある問題に関する連邦議会の意思を表明することである。その形式も本文において “It is the sensc of the Congress……” といった表現を用いることからも，議会の見解・意思を表明する重要な手段として考えられている。過去にこの決議が重要な役割を果たした例としては，1974 年の議会予算法（Congressional Budget and Impoundment Control Act）がある。この法律が連邦予算に対する連邦議会の統制を一層強固にする根拠となり，連邦予算は一致決議により成立することとなっている（予算策定過程と同法の役割については→第3章2（2）参照）。

また，一致決議は議会の休会（adjourn）を設定する際にも使われる。合衆国憲法第1条第5節では上下両院は他方の院の同意なくして3日以上休会してはいけないとされているが，議会会期の終了（adjournment *sine die*）を決定するとき，あるいは他の理由で一方または双方の院が3日以上休会をする際に，一致決議が用いられる。決議の名称は下院では H.Con.Res.xxx，上院では S.Con.Res.xxx となる。

単独決議

決議の中ではこの形式が一番多く，上院または下院のいずれか単独で採択が可能である。一致決議と同様，単独決議（simple resolution）は法律とはならない。また単独であるため，その意思表明は決議を採択した院のみが対象となる。他の決議と同様，それぞれの院の考え・意思を表明するため，sense of the House，sense of the Senate といった表現が用いられる。また，単独決議はそれぞれの院の議事手続規則を変更する際に用いられる。とくに下院においては，各法案を本会議で審議・採決する際には，下院の規則委員会が策定する決議により，審議時間や法案修正の態様等を定めることができる（多数党が有利なため，こうした決議を採択することにより，多数党にとって簡便な方法での審議・採決が可能となる）。

(3)　法案の提出・共同提案

法案の提出は議員のみが行うことができ，議員1名でも提出可能である。多くの議員は年間に数十もの法案を提出する。法案提出議員（sponsor）は，法案の審議・成立の機運を高めるためにも，共同提案議員（co-sponsor）を募ることが多い。法案提出当初から賛同している議員を原共同提案（original cosponsors）

議員と呼び，この議員とその事務所が法案の審議入り・成立に向けて最も汗をかくと言われている。法案成立の可能性を高める観点から，原共同提案議員に他の政党（民主党であれば共和党，共和党であれば民主党）の議員の参加を得ることが少なくない。この際に議員が用いる手段として，同僚議員に送る書簡（Dear Colleague letter と称される）があり，原共同提案者を募る場合に使う。

4　下院での審議

(1)　法案提出と委員会審議

法案の提出

下院では法案は本会議場にあるホッパー（hopper）と呼ばれるマホガニーの木箱に提出する。法案は提出後に，下院議長によって，その内容に従って所掌する委員会に付託（refer）される。所掌する委員会は法案の内容により決められるが，幅広い問題を扱う法案は複数の委員会に付託されることもある。最も内容面で関連が深いと考えられる委員会が主導的な（primary/lead）委員会となる。法案を提出する議員は，どの委員会に付託されれば法案成立の可能性が高まるかも考慮しながら，法案の文言や内容も検討すると言われる。複数の委員会が法案を所掌する際には，主導的な委員会が審議を行った後，2 番目，3 番目の委員会が審議をする場合（sequential referral），法案の内容を所掌分野毎に切り分けで，同時並行的に審議する（split referral）場合がある。

委員会に付託された法案は，前述の通り必ずしも審議されるとは限らない。審議される法案は，内容に党派性が少なく円滑に審議・採決が見込まれるものか，政治的に重要で，党派対立があっても賛成多数により採択が見込まれるものに大別される。後者については，委員長は下院指導部とも調整し，本会議での審議日程も見据えて，審議・採択を目指すこととなる。

委員会に付託された法案は，全体委員会（full committee）ですぐに審議されることもあるが，多くの場合は，まず小委員会において審議されることとなる。通常，公聴会を開催し，法案が扱う課題について政府，有識者，各種業界，NGO 関係者等から見解を聴取し，その後法案審議（マークアップ（markup）と通称）が続く。

公 聴 会

公聴会（public hearing）は基本的には公開され，委員会内で傍聴できるほか，インターネットやケーブルテレビでも視聴可能である（国家安全保障に関連する議題等の場合は，議決により非公開とすることもできる）。公聴会の証人（witness）は政府関係者，有識者，各種業界関係者等様々であり，宣誓の下証言することもある。多くの場合，証人は事前に書面で発言を提出し，実際の発言はその要約や一部である。その後委員会（または小委員会）のメンバーの議員と証人との間の質疑応答となるが，下院では時間制限が設けられている。質疑応答は，事後に書面で行うこともできる（questions for the record（記録に残すための質疑）と呼ばれる）。議員の公聴会への出席は義務ではなく，多くの議員が複数の委員会を兼務していることから，議員の中では自分の質疑部分だけに出席して退席する者も少なくない。そのため，話題となる議題や証人の場合を除き，公聴会は出席者が少ないのが通常である。下院では公聴会の開催には２名の議員の出席が必要とされる（換言すれば，２名しかいない場合でも公聴会は実施可能である）。議員自身が出席できない場合は，議員補佐官が傍聴し，結果を報告することも多い。

マークアップと採決

公聴会の終了後，委員会（または小委員会）は，マークアップ（markup）（法案審議）を開催する。マークアップも公聴会と同様，基本的には公開で開催される。審議は委員会（小委員会）３分の１の人数が定足のために必要であり，過半数の賛成で，委員会から本会議に法案を送付することができる。

マークアップでは，委員長が審議の土台となる法案を選ぶ（決める）ことができる。委員長は，複数の法案の中から適当なものを選び，それに他の案文を加えたり，修正したり，あるいは法案を統合しつつ書き下ろすこともでき，大きな裁量を持つ。この委員長が選定する法案を chair’s mark と呼び，国防授権法案（NDAA）のように膨大な内容をとりまとめた法案を審議する際には，この委員長の権限が大きな影響力を持つ。

マークアップにおける法案の修正は，法案の原案への修正と，修正案に対するさらなる修正の 2 種類に大別される。下院においては，いずれの修正も法案の内容と関連性のあるものでなければならず（germane），修正に関する討論時間も基本的に 5 分間に限定されている。修正は過半数で採択・否決される。採決は，発声による投票（賛成(yea)，反対(nay)を個別一斉に発声し賛否を表明する）と点呼(roll call)による投票がある。また下院では，投票数を数えるものの，議員名を記録しない投票方法（起立投票，division vote）もある。

法案のすべての箇所の審議が終了すると，審議を終局にするための先決問題(previous question)の動議を提起し，その動議を過半数で採択することで，投票に移ることができる。

マークアップが終了し，委員会での採決が終わると，委員会は当該法案に関する報告書をまとめる。この報告書では，法案の内容と委員会における修正の概要が説明され，多くの場合は本会議において委員会の勧告を採用すべき旨の説明が付される。ただし，下院指導部がこの報告書の内容を取り上げ，委員会の勧告に従うか否かは，本会議の審議状況や日程，政治的な環境にも影響される。そのため，委員会での審議を無事に終了し，報告書が提出されても，その後何の行動もとられないことも珍しくない。

なお，下院では委員会への付託の解除を求める動議（付託解除請願，discharge petition）を行うことにより，本会議での審議・投票に移行する方法もある。この動議は，いずれの下院議員でも行うことができ，下院議員の過半数（218 名）の署名が得られれば，委員会への付託を解除し，本会議にて審議・採決が可能となる。ただし，218 名の署名を得ることは容易ではなく，成立した法律の件数も少ない。1931 年から 2018 年の間で，663 件の付託解除請願が行われたが，必要とされる 218 名の署名を得られたのは 48 件で，最終的に法律となったのは 4 件に留まっている。この方法での法案成立が少ない理由としては，議員の多くが，各委員会で慎重に対応している法案について委員会の見方と異なる判断をすることに躊躇しているとも考えられる。

(2)　本会議での審議

本 会 議

下院では議事運営につき多数党が圧倒的に有利な立場にあり，多数党で指導的立場にある下院議長が法案の採択のタイミング等を決める上で，強い影響力を持つ（→第１章３（4）参照）。多数党は自党にとって重要な法案を優先的に採択できる一方，限られた審議日程を最大限有効に活用しなければならない（連邦議会は休会が少なくないため，法案審議の日程に余裕がなくなることがしばしばある）。そのため，長年議長を務めたハスタート Dennis Hastert. 1999-2007 年 下院議長の考えを踏まえた，「ハスタート・ルール」と呼ばれる原則があり，過半数の支持が確実な法案のみを本会議での採択に付すとされている。この原則は現在も基本的に踏襲されており，法案を意図的に否決させ，争点を明確にする手法がとられることは少ない（例は皆無ではない。上院ではしばしば結果的に否決される投票が本会議に付されることがある）。

本会議での投票に付すためには，法案を本会議の日程（議案目録）に載せる必要がある。下院の日程は，ハウス・カレンダー（House Calendar）とユニオン・カレンダー（Union Calendar）に大別される。大半の法案はハウス・カレンダーに記載されるが，歳入・歳出に関する法案は，ユニオン・カレンダーに採録される。それ以外にも私法案（private bill）（→3（2）参照）の採決を挙げたプライベート・カレンダー（Private Calendar）や委員会付託を解除された法案に関するディスチャージ・カレンダー（Discharge Calendar）がある。どの法案を審議日程（議案目録）に載せるかを決める権限は下院議長にある。

下院議長は，法案の審議・採決の方法を下院規則委員会（Rules Committee）と協議し決定する。規則委員会は多数党が委員長ポストに就いており，各法案の審議方法についても，多数党に有利に決めることができる。ただし，最近のように連邦議会における多数党と少数党の議席数の差がわずかな場合，議長は自党による過半数を確保する必要があり，むしろ党内のとりまとめに腐心することも少なくない。採決が行われる場合，下院議長（多数党から選ばれる）は通常投票には加わらない。投票に加わる時は，その法案の重要性を意味すると言われている。

規則委員会の役割

下院規則委員会は，下院における法案審議・採決のルールを定められるため，圧倒的な影響力を有する。委員会は下院議長の意向を反映できるように，過半数が多数党の議員となる慣行が続いている。下院では本会議の審議については１時間の討論時間が認められるが，特例（特別規則）を設け，直ちに採決に移ることもできる。本会議においては，個別の法案ごとに審議・採決の方法を定めることができることから，こうした柔軟な（多数党に有利な）形式をとることが可能となる。その反面，多数の賛成が見込まれない法案については，仮に委員会での審議が終わり，本会議に委員会報告が提出されたとしても，規則委員会によってほぼ無期限に留め置かれることもある（そのまま会期が終われば自動的に廃案となる）。

この手続の流れをまとめると次のとおりである。まず，法案に関して各委員会から提出された報告を下院議長が受領し，下院議長が規則委員会に検討を指示する。次に，規則委員会が関係議員を対象とした公聴会を開催して，その見解を聴取する。その上で，同委員会が最適と考える（本会議での）審議・採決の方式を議長に報告する。この報告は，下院決議（H.Res.）の形式をとった，実際の審議・採決のための議事手続となる。議長はそれを踏まえ，本会議における審議・採決を行う。

(3)　本会議での審議・採決の特徴

下院における多数党有利の状況下では，迅速な審議・採決を可能にするため，通常の議事手続規則ではなく，特別な手続規則が採択され，それに基づき審議・採決が行われることが多い。この特別規則(special rules)の下で定められる審議・採決方法には，主として討論時間の長さや法案の修正案の柔軟性に差がある。

特別規則

法案修正の提案が最も容易な手続は，開放規則(open rule)と呼ばれる。修正が法案に関連性(germane)のある内容であれば，いかなる修正も可能である。かつてはこの open rule が最も一般的な手続であったが，党派対立が厳しくなるにつれ，採用される機会が大幅に減っている。

次いで修正された開放規則(modified open rule)，修正された閉鎖規則(modified closed rule)があり，最も制限的な規則として閉鎖規則(closed rule)がある。閉鎖規則は審議・採決に際して法案の修正が一切認められないものであり，法案への賛否の表明しか認められない。修正された開放規則は事前に修正案を提出し，記録されたものだけが審議・投票の対象となるものであり，修正された閉鎖規則は，個別に設けられる特別の規則に基づき認められる具体的な修正のみが許容される。いずれの場合でも，審議時間の上限は基本的に1時間であり，速やかな採決が前提となっている。

党派対立が少なく比較的容易に採択できる法案について，通常手続の適用を中断する動議（motion to suspend the rules）を用いることがある。この動議の採択には，定足の上，出席の3分の2の賛成が必要となる。この動議を提起できるのは，毎週月曜，火曜および水曜日に限られているが，全会一致（unanimous consent）で採択できる場合は，その限りではない。上述の中断動議に基づく採決の場合は，法案の修正は認められず，討論も40分に限定される。記名投票が要求されない場合は，発声での採決となり，論議の少ない法案はこの方式で採択されることが多い。

優先事項

下院の審議では，優先事項（privileged business）と指定された一部の法案については，他の議案よりも優先的に審議される。その内訳は，歳出予算（appropriation bills），予算関連決議（budget resolutions），規則委員会から提出される決議（主に法案の審議・採決方式を定めるもの），予算に関する財政調整法案（reconciliation bills），両院協議会の報告書（conference reports），そして下院倫理委員会の報告である。下院の日程（議案目録）の中のプライベート・カレンダー，ディスチャージ・カレンダーに含まれる法案の審議・採決も優先事項として扱われる。プライベート・カレンダーは各月の第1，第3火曜日に設定され，私法案が採決される。ただし，私法案の採決本数は少なく，最近では年間数10件に留まる。委員会に付託された法案の付託を解除する動議（motion to discharge）は，付託解除請願（discharge petition）に署名した議員であれば誰でも行うことができるが，動議を提起できるのは毎月第2，第4月曜日に限られている。

討論と法案の修正

本会議において法案の審議が決定されると，上述のとおり議長はまず規則委員会が勧告する，当該法案のために個別に策定された議事手続規則の採決を行う（多数党に有利な当該議事規則が否決されることはまずない）。この議事手続規則が採択された後，下院では全院委員会（正式名称は the Committee of the Whole House of the State of the Union であるが，the Committee of the Whole と通称される）が開催される。この全院委員会において討論が行われ，修正案が審議・採決されることとなる。その上で，全院委員会で修正され，採択された最終的な法案が本会議で採決される。

全院委員会での法案の修正は，基本的に section ごとに行われる（section が日本の法律の「条」に近い）。より大部の法案の場合には，編（Title）という節よりも大きな区分があり，国防授権法のように 1000 ページ以上にもおよぶ法案には，部（Division）というさらに上位の区分が設けられる。国防授権法は section ごとに修正を採決するのではなく，一定の分量をまとめて「塊（en bloc)」で採決する。主な法律の構造は基本的に以下のとおりとなっている。

Division/Title/Subtitle/
sections/subsections/paragraphs/subparagraphs/clauses/
subclauses

法案の修正は，amendment tree（「修正の木」）とも俗称される，法案を接ぎ木のように修正する一連の提案を通じて行われる。ここでは詳細には立ち入らないが，当初の法案の文言に対する第１次の修正（first degree amendment）に対し，その第１次の修正をさらに改善するための修正を加えることができ，さらにその改善のための修正を微修正する（second degree amendment）ことも，また当該修正を踏まえてさらに修正することも可能となる。また，修正に

写真 2-1　下院本会議場

中央の議長席に向かって左手に立っている上部に鷲の彫刻があるのが儀仗（mace）

出典：下院ウェブサイト

際しては，文意を変えずに一部の文言を置き換えるような微細な修正だけでなく，文そのものを置き換える大幅な修正が提案されることもある。

全院委員会の機能

全院委員会は，重要または論争を招く法案について，時間をかけて審議するために，下院本会議での審議・採決の前に開催される。全院委員会は規則委員会において特別規則（special rules）を採択する場合に開催される。全院委員会は，100 名で構成され，下院議長が選任する委員長（chair）が議事進行を担う。会場は本会議場を使用するので，本会議が進行中か全院委員会が開催されているかわかりにくい場合があるが，本会議開催中に置かれ，下院の権威を象徴する儀仗（mace）が，全院委員会の際には下院議長席の右脇から外され，下段に移されることで両者を区別する（いわば全院委員会は，下院本会議場を間借りしていることになる。写真 2-1）。

全院委員会における法案の審議・修正に際し，修正の提案は法案の内容および所掌する委員会の所管事項に関連していなければならない（germaneness の要件）。ただし，法案が広範，複雑な問題を扱う場合には，関連性を判断することは容易ではない。その判断は連邦議会職員であるパーラメンタリアン（Parliamentarian）（議事先例幹事と訳されることもある→5 (1) 参照）が行い，議長あるいは全院委員会委員長に勧告する。

投　票

全院委員会における修正の審議・採決は，委員会や本会議における投票と基本的に同様の方法（発声，記名，起立投票）で行われるが，連邦議会では，投票は議員が全員議場にいる必要がない。発声，起立投票の場合は，賛否いずれが多数かその場で判断する必要があるため議員が議場にいる必要があるが，記名投票の場合，投票時間は 15 分と定められており，議長（または全院委員会委員長）の裁量で延長することも可能である（反対に，投票が連続する場合には５分に短縮することも可能である）。議員は定められた時間内に，本会議場に移動し，自分の投票を行い，投票後は退出して良い。そのため，投票時間前後には，下院会館から議事堂内の下院本会議場に足早に向かう議員を多く見ることができる。なお，連邦議会議事堂と上院・下院の会館は地下で連結されており，中にはトロッコに近い「地下鉄」が走っている。通常は議会のスタッフや見学者も使うことができるが，投票時には議員だけが利用できる。

また，全院委員会あるいは本会議での投票に先立ち，多数党または少数党の指導部が，各党の議員に対して指導部の方針に従うように働きかけることもある。多くの場合は多数党，少数党の院内幹事（whip）が行い，法案全体だけでなく，個別の論点についての修正案への投票態度を指示することもある。この背景には，下院は上院に比べて，各議員のスタッフ数が限られており，自らが直接関与しない法案へ

写真 2-2　連邦議会議事堂と上院・下院会館をつなぐ「地下鉄」
下院の車両はトロッコに近い。上院が先に導入した。

下院

上院

（撮影：筆者）

の投票態度が必ずしも明確でない場合もあるからである。さらに，重要法案の審議・採決に先立っては，党の指導部（ときには下院議長）から，議員に対して法案の審議・採決の見通しや重視すべき事項等について説明する書簡が発出されることがある（これも Dear Colleague letter と呼ばれる。他の Dear Colleague letter については→3 (3) 参照）。この書簡は多くの場合，メディアを通じて外部にも知られることが多い。そのため，この書簡は法案や重要な政策課題に関する下院議長および指導部の考えを知る機会となるだけでなく，実質的には指導部の対外発信の一手段ともなっている。

全院委員会での審議・採決が終わった後，賛成多数が見込まれる法案については，下院議長が本会議を開催し，勧告された法案（然るべき修正が反映されたもの）を審議・採決することになる。この段階では討論は行われず，手続規則で許容されていない限り，修正提案も基本的には認められない。下院議長は，先決問題の動議（→4(1) 参照）を提起し，採決に移ることとなる。

少数党側は，採決に先立ち，議案を所掌する委員会に再送付する動議を提起できる（motion to recommit)。少数党によるこの動議が採択されることは少ない。しかしながら，この動議は，少数党の立場を明確にするとともに，再送付に際して具体的な法案の修正を提案し，可能性は低いものの，法案に対する最後の修正の機会を与えることになる。また，少数党が手続上の投票を求めることは，多数党が明確にしたくない論点について，動議を否決させることを通じ，その立場を明らかにさせ，少数党が政治的に得点する余地も生む。この再送付の動議に対しては 10 分間の討論が認められている。もし再送付の動議が成立した場合には，実質的に当該法案を廃案にすることも可能である。

下院で可決された法案は，上院で審議されていなければ上院に送付され，上院で可決され，最終的に下院が上院と同じ内容の法案を採択した場合には，大統領の署名に付され，成立することとなる。

5　上院での審議

上院と下院の法案審議・採決に関する最大の相違点は，上院における討論時間の制限の不在である。また，法案の修正について，下院のような関連性（germaneness）を基準とした制約がなく，上院議員はいかなる修正を加えることも妨げられない。こうした特徴ゆえに，個別議員の発言力が大きくなり，審議・法案修正・採決にも大きな影響を与える。さらに上院の議事手続規則の変更も下院の多数党が一方的に決定できるように簡単ではなく，先例も重要な役割を果たす。後述する nuclear option（核オプション）も議事手続を駆使した先例の変更の例であるが（→ (3)，第 4 章 1 (2) 参照），規則や先例も頻繁に変更はできない。

上院における法案の審議・採決の態様は，基本的な構造では下院に似ているものの，要所で大きく異なる。以下では，下院における審議・採決の方法と対比しつつ，上院における法案審議・採決の特徴を概観する。

(1)　法案提出と委員会審議

法案は，本会議場の議長の前に着席しているパーラメンタリアンと呼ばれる議会職員に提出する。上院では，法案提出の際に提案議員が法案の趣旨を文書で説明したり，議場で趣旨説明を読み上げることもある。法案提出後，パーラメンタリアンが，法案の内容と各委員会の所掌分野の関連性（predominance）を踏まえ，所掌委員会を決定する。下院では一つの法案を複数の委員会に付託することが珍しくないのに対し，上院では一つの委員会に付託する場合が多い（上院で複数の委員会に付託する場合には，そのための手続を経る必要がある）。

(2)　委員会での審議・採決

上院においても公聴会，マークアップ（markup）（法案審議）を経て，投票に付される点は下院と大きく変わりはない。上院の委員会の一部では，委員会におけるマークアップの際の投票では代理投票（proxy）が認められており，代理投票は委員長あるいは他の委員会のメンバーに委任することができるという特徴がある。また，上院での審議における法案の修正に際しては，法案の内容の関連性（germaneness）は要求されず，審議している法案の内容とほとんど関係のない事項に関する「修正」も可能である。そのため，上院議員に与えられている裁量は大きい。

上院においては，下院で行われる先決問題（previous question）の手続が存在しない。そのため，審議を終えるためには少なくとも委員会のメンバーの誰もフィリバスターを行わず，採決の実施に反対していないことを確保する必要がある。下院での手続と同様に，いずれの上院議員も委員会への法案の付託を解除し，本会議での審議・採決を行うための動議（motion to discharge）を提起はできる。しかし，全会一致（unanimous consent）が成立しない限り，当該法案を本会議での審議のための日程に上程することは事実上不可能である。

(3)　本会議での審議・採決

法案上程と日程の確定

法案を上院本会議で採決するためには，まず本会議での審議・採決の日程を確定する必要がある。上院での法案採決のために必要な票数の確保が容易ではないことは前述のとおりである。法案の本会議上程のタイミングは一義的に多数党の院内総務が決定することとなる。これは多数党の院内総務が審議における最初の発言機会を持っている（privilege of prior recognition）ためであり，院内総務が冒頭に発言し（上院議員には発言時間の制約がないことも踏まえ），議事運営の主導権を握ることができる。

上院本会議の日程（議案目録）は，一般的には Senate Calendar または Calendar of business として知られているが，実務上は立法議案目録（Legislative Calendar）と重要議案目録（Executive Calendar）の２種類がある（いずれも便宜的な訳）。立法議案目録は，各委員会での審議・採択を経た法案・決議，個別の議員が特定の議事手続規則（規則 XIV）に基づき直接本会議に提出する法案，そして採択に付す必要のある様々な手続事項も網羅的に挙げている。その読み上げは（上院が開会されている）毎週月曜日に行われることとされており，論議を呼ばない定例の手続や法案等については，全会一致（unanimous consent）を通じて淡々と議決されることとなる。重要議案目録は人事承認案件（軍幹部を含む政府高官と裁判所判事）と条約審議の日程が記載されている。下院では私法案（private bill）はプライベート・カレンダーに基づき審議・採択されるのに対し，上院では私法案に関する特定の手続はない。私法案は公法案と同様に審議・採択され，ほぼ全ての私法案が全会一致に基づく手続で採択されている。

全会一致，進行動議とクローチャー

本会議に上程された法案を採択に付すためには，通常は全会一致に基づく同意が必要となる（unanimous consent agreement. より一般的には多数党と少数党間の time agreement と呼ばれる）。いうまでもなく，採択のために全会一致で同意することと，実際の投票での賛否は異なる。全会一致が得られない場合は，次の段階に進むための動議（motion to proceed to consider. 以下便宜上「進行動議」と訳する）を提起する。この進行動議は上院における他の動議と同様に，議員による時間無制限の討論の対象となるため，フィリバスターの対象となり得る。ただし，こうした進行動議のような議事手続の動議にフィリバスターが援用されることは少ない（理由は後述）。法案が本会議に上程された１日後に進行動議を提出し，その採決ができる。進行動議はどの議員でも提起できるが，慣例的には多数党の院内総務が，後述のクローチャーと同様に行うこととされている。また，政府高官人事や条約の承認を扱う重要議事目録については，進行動議が提起された際には，付随して討論が行われることはなく，直ちに投票に移ることが慣例となっている。

進行動議に反対が表明された際には，審議を終了させるための動議であるクローチャー（cloture）を提起することができる。クローチャーを提

起するためには16名以上の上院議員の署名が必要であり，（本来は無制限に討論時間を持っている）他の議員の討論を中断することができる。クローチャーの提起後，１日の期間を開けてその採決に移ることができ，60票の賛成を得れば，最大30時間の討論の後に法案の採決ができる。なお，クローチャーが成立した後の法案の修正は，内容が法案に関連したものに限定される。

多数党の院内総務が，法案の採決や人事，条約の承認に向けて全会一致を確認するために頻繁に活用するのが，全議員に使われるホットライン（hotline）である。以前は各議員との電話回線であったが，現在は一斉メールにて発出される。多数党の院内総務の意向に反対する議員は，保留（hold）を表明する。保留が１名の議員からでも示された場合，全会一致は成立しなくなるため，多数党の院内総務は進行動議を通じて，60票の賛成を確保したうえで，クローチャーを提起することとなる。

定足数点呼

法案成立に向けた協議や妥協を促す方法の一つとして，定足数点呼（quorum call）がある。前述のとおり（→4（3）），連邦議会においては審議，採決時も必ずしも議員全員が議場にいる必要はなく，議員が定足数を満たしていないこともある。そのため定足数の点呼は実質的な意味を持ち得るが，上院での定足数点呼は多くの場合，法案を巡る調整の時間稼ぎや法案審議の主導権を取られないようにするための戦術的な手段としてとられる。定足数点呼は事務官（clerk）が議員の指名を読み上げる形で行われるが，議員の名前は数分間の間隔を空けて呼ばれるため，点呼には長大な時間を要する。点呼の間は，その終了を求めるための全会一致が成立しない限り中断できないため，その時間を活用し，法案を巡る調整や協議を行うこととなる。こうした戦術をとることができるのは，定足数点呼の間は，点呼を要求した議員の発言時間が続いており，他の議員による発言や法案修正等の動議も提起できないためである。

このような長時間の定足数点呼とは違う形式で行う点呼もあり(live quorum vote と呼ばれる)，これは学校等で出席の点呼をとるような通常の間隔で点呼をとり，定足数に満たないことを確認するのが主たる目的となる。その際には，守衛官(Sergeant of Arms)に議員を強制的に参集させる動議が提起され，採択される場合には，議員が議場に揃うこととなる。これにより一定の時間を費やすだけでなく，議事の進行や法案成立に向けた調整・妥協を促す効果を期待することもある。

フィリバスター

上院で最もよく知られる手続の一つがフィリバスター(filibuster)である。フィリバスターは17 世紀頃のオランダ語の vrijbuiter，フランス語の flibustier，スペイン語の filibustero を語源にすると言われている。いずれも西インド諸島における海賊を意味すると言われるが，それが議会審議の戦術の意味に転じた理由は定かではない。フィリバスターは前述のとおり（→第 1 章 4 (2) (3) 参照)，上院での議員の討論時間に制限がないことに由来する審議遅延の戦術である。議員が発言時間を持っている場合には，他の議員が中断させることができないため，延々と討論し，審議の進捗を止めることができる。議員は，自分の持ち時間を放棄することなく，他の議員に発言時間の一部を分けつつ，発言を終了すると言わない限り，発言時間が続くことになる。歴史上もっとも長かったフィリバスターのための演説は，1957 年にサーモンド(Strom Thurmond)上院議員が行った 1957 年公民権法に反対して行った24 時間 18 分の演説と言われる。

ただし，現実には審議引き延ばしのために長時間の演説を行うことは多くなく，多数党が法案の審議を終局させたいと考える際に反対を表明することで審議の進捗は止められる。そのため，1 名の議員が99名に反対して審議を止めるというよりも，クローチャーの成立や法案の可決に必要な60票を充足する上で（あるいは財政調整法案や人事承認に必要な過半数の51票目を得るため），最後の1，2票が鍵となる際に，その1，2名の議員の反対が圧倒的な影響力を持つことが，実質的なフィリバスターとなる。したがって，多くの場合は1名の賛成を確保するよりも，クローチャーの成立や法案の可決に必要な60票の絶対過半数（supermajority）の確保が重要と言える。

フィリバスターが1名の議員に不当に大きな影響力を与え，下院で成立した法案の上院での審議・成立を難しくすると，法案を支持する団体やメディア等から強い批判がある。しかしながら，少数党にとってフィリバスター（そして個別議員の強い発言力・影響力）は，法案形成に関与する力の源泉であり，多数党からの妥協を引き出すうえでも有効な手段である。多数党の一員であっても，個別議員が自らの主張を法案に反映させたり，駆け引きの対象となり得る他の問題での影響力を行使する上でもフィリバスターは有用である。フィリバスターの改革は常に提案・議論されるが，いずれの政党も少数党に転じる可能性が常にあることから，少数党が特に力を発揮できるフィリバスターを変更することは容易ではない。

フィリバスターの制限

下院では新しい議会会期が始まる度に議事手続規則が（多数党に有利な内容で）採択されるのに対し，上院の議事手続規則の変更は容易ではない。規則の改正自体は単純過半数で可能ではあるが，改正のための討論を終えるためにはクローチャーが採択される必要があり，60票の賛成が求められる。これは，上院の規則が議会会期をまたいで継続し，改正は必要な規則に従う必要があると定められているためである（上院議事手続規則V）。

しかしながら，フィリバスターは上院本会議の議事運営を巡る採決を通じて制限を受けたことがある。それは大統領が指名した連邦裁判官の上院での承認について，これまでは他の承認案件と同様に60票の賛成が必要であったものが，過半数で十分とされた事例である。

2013年に民主党のリード（Harry Reid）上院院内総務が上院本会議において，連邦控訴裁判所の裁判官の承認に関し，「最高裁判事以外のすべての指名に関するクローチャーは過半数で良い」という point of order（議長の議事運営に問題がある時に議員が指摘する動議）を提起した際に，この先例は確立した。この動議を民主党のリーヒー（Patrick Leahy）議長代行が却下したことに対し，その判断が不適当であると不服申立ての動議を提起し，単純過半数でその動議を採択した。これにより，最高裁判事以外の裁判官の承認のクローチャーには60票ではなく過半数の51票で十分であるとの規則が確立した。この規則は議長の議事運営に対する異議申立ての形で成立したものであるが，いったん上院本会議の運営上の規則として確立した以上，その後の議会でも踏襲されることとなった。

この動議の提出による規則の実質的な変更は，nuclear option（核オプション）と俗称される。これは多数党が単純過半数により議長の判断に異議を申し立てることで，通常の議事手続規則の変更手続を経ずに規則を変更する，いわば最終手段であり，破壊力が大きいと考えられているためである（constitutional option と呼ぶこともある）。この手法を濫用すると，多数党が自らに有利な変更を生むと懸念されることから，こうした手段の可能性が提起された2000年代以降，実際に使われたことは非常に少ない。同様の例は，2017年の最高裁判事の承認の際に見られた。その際には，今度は共和党側が最高裁判事の承認には60票が不要であるとの動議を提示し，これを議長代行が否定したのに対し，2013年の例と同様に単純過半数で可決した（→第４章１（2）参照）。

法案の修正

法案の修正は下院と同様，法案を接ぎ木のように修正する一連の提案（修正の木〔amendment tree〕）を通じて行われる。上院では法案成立のための条件が厳しいことから，下院と比べて多数党の意向を反映させにくい一方，法案修正に際しては，多数党の院内総務が本会議への法案提出時に修正可能な箇所を予め多数党によって埋めてしまい，少数党による修正を排除することもできる（修正の木を埋めてしまう（fill the tree）戦術と呼ばれる）。この戦術は，上院の議事手続規則上，多数党の院内総務が最初の発言機会を持っている（privilege of prior recognition）ため可能となる。これにより法案審議を迅速に進めるとともに，法案成立を困難にする修正（「毒薬修正」〔poison pill amendments〕）を予め排除することもできる。もちろん，すべての法案について「修正の木」が埋められてしまう訳ではなく，少数党の議員からの修正を受け入れ，法案成立への支持を得やすくするための努力が行われることもある。後述する財政調整法案（→第３章３（3）参照）のように単純過半数の賛成で成立する法案等を除き，多くの法案の場合は60票の賛成が必要で本会議でどの議員による修正案を採決するかは多数党・少数党から選ばれる複数のfloor managerが調整して決める。その修正案（複数）をmanagers' packageと呼ぶ。

ビークルの活用

上院は下院と比べて法案と修正案の内容の関連性〔germaneness〕の制約が少ないため，議員が法案を修正する余地が大きい。そのため，審議される法案と全く関係のない内容が修正案として提案され，必要な賛成票が得られれば，成立することもある。このように，成立の可能性が高い（あるいは成立させることが確実な）法案に，修正の形で様々な事項を提案することは，上下両院で行われる。議員の裁量がより広いことから上院において顕著に見られる。修正を付す対象となる元となる法案をビークル（vehicle。乗り物）と呼び，このビークルを効率的に見つけて，それに便乗して修正案として提案することは，連邦議会における主要な立法技術の一つである。ある法案に，数多くの便乗の修正案が付されることを，修正の木（amendment tree）の比喩と同じように木の枝に例え，クリスマスツリーと俗称する。毎年可決されることが期待される国防授権法案は，一見国防に関連しない事項も修正として盛り込まれ，クリスマスツリーになる法案の典型である。

上院では，下院から送付された法案をビークルとして使い，全面的に書き換える修正提案を行い再度下院に送付し，両院で一致させることにより，成立させることもある。たとえば，第117議会の継続予算決議を上院で成立させた際，ビークルとして使われたのは下院から送付されたインシュリンの価格抑制に関する法案であった。これを全面的に書き換える修正案が採決に付され，可決の上，下院に送付された。その後，上院で書き換えられた法案を下院で再度採決・可決の上，法律として成立した。

投票と法案の成立

投票は下院と同様，発声（voice），記名（roll call），起立投票（vote by division）の3種類の方法で行われる（少し紛らわしいが，一人一人の議員が賛否を明確にする記名投票は一般に the yeas and nays と呼ばれる）。記名投票の場合，投票時間は15分とされ，追加の5分が慣例として認められるが，実際には議長代行（あるいは多数党の院内総務）の裁量で延長されることも多い。論争の少ない法案の場合（多くの場合は全会一致で成立する）は，発声投票で採決が行われることが多い。上院で法案が採択され，下院と同一の内容で採決された後で法案は大統領の署名のために送付され，署名を経て法律として成立する。

6　法案成立のための調整手法

(1)　両院協議会の役割と機能

連邦議会では，日本の国会における衆議院の優越のような予算・法律の審議に関する二院間の優劣は基本的にはなく，両院で同一の内容の法案が採択されない限り，法案は成立しない。下院で成立した法案が上院で修正された場合は，その修正内容を下院が受け入れる必要があり，逆の流れで法案が修正されることもある。論争の少ない法案であれば，第一院から第二院へ送付された法案が，第二院で修正された上で，第一院に再送付され，修正を受け入れて成立する。しかしながら，政治的に論議がある法案や党派対立の厳しい法案の場合には，そのようにはならない。基本的には第一院の法案への第二院への修正は２回までとされているが，合意成立が間近な場合には，上院，下院のいずれでも例外的に追加的な修正を受け入れることも可能である（このような短期間での修正の往復を卓球になぞらえて，法案のピンポン（ping ponging）と呼ぶ)。そして，多くの時間を費やす修正が繰り返されることを防ぎ，同一内容の法案が成立するように調整する場として，両院協議会（conference committee）がある。

両院協議会は，上下院のそれぞれの議決によって設置される。両院協議会が設置されるためには，他院による修正に反対し，自らの院の法案に「固執」（insist）する旨表明する必要がある。その上で両院協議会の設置を提案し，両院協議会の議長（presiding officer）を指名する。上院における両院協議会の設置のための手続はフィリバスターの対象となるため（60 票の賛成が必要となる)，両院協議会が設置できず，法案審議が停止することもある。

両院協議会の議長およびメンバーは，上下院それぞれの指導部が決定する。下院では下院議長がメンバーを選定する。上院では議長代行が決定するが，多くの場合は，法案を所管する委員会の委員長や上院指導部との協議で決められる。メンバーには所管する委員会の当選回数の多い議員が選ばれることが多いが，人選はケースバイケースで異なる。2022 年の半導体産業支援法案（最終的に CHIPS・科学法として成立）の両院協議会には，異例ともいえる 100 名の多数の上下院議員がメンバーとして選出された。

両院協議会での審議・調整方法はメンバーに委ねられている面が多く，調整は柔軟であるとされるが，法案で対象となっている事項や連邦予算の範囲を超えた内容を審議・修正することはできない。正式な両院協議会は，非公開の審議とすることが明示的に合意されない限り，公開される。ただし，多くの調整は非公式の場で行われ，公開の審議が何度も繰り返されることは少ない。また，両院協議会の開始が間近となると，予備的な調整を上下院の議員および議員補佐官の間で行うことも珍しくない。こうした調整（pre-conferencing と呼ばれる）を通じて，あらかじめ論点や課題を特定し，その後の協議を効率的に進めようとしている。

両院協議会での調整が終わった場合には，両院協議会の報告書が提出され，上下院それぞれで採決に付される。両院で採択された内容が成案となり，大統領の署名により法律として成立する。いずれの院でも報告書が否決される可能性はあり，その場合は再度調整が行われるか，法案は事実上廃案となる。

近年，調整に時間を要する両院協議会を避け，非公式の調整を通じて両院で受け入れ可能な修正に合意する方法も増えている。2021 年および 2022 年の国防授権法案の審議も両院協議会が開催されない形で，下院で成立した法案を上院では採決せず（審議・採決すると，その過程で法案が修正され，内容の不一致が明らかとなるため），水面下で両院が合意できる内容をすり合わせ，最終的に同一の法案を採決し，成立させた。

(2)　上院・下院間の調整の困難

多数党による法案審議・採決のコントロールが容易な下院に比べ，少数党の関与・賛成が不可欠な上院の方が法案の成立が難しいことは，上述のとおりである。そのため，下院から上院に送付される法案が，そのまま審議されずに実質的に廃案となったり，ときには他の法案の審議・採決のためのビークルとして使われることも少なくない。また，下院で成立した法案を上院が修正・可決した場合には，再度下院で修正し，さらに上院に再送付するのはあまり現実的でないことから，下院側が上院の修正を受け入れざるを得ないことも多い。そのため，下院議員の中には，上院での審議の遅さと法案成立の難しさにつき不満を持つ者も少なくない。法案が最初の提出から法律として成立するまで数年かかることは珍しくなく，下院で成立した法案が上院で審議されず，種々の協議や修正を得て，成立まで３年から７年を要する例もある。

実際，議会スタッフの間では，新たな枠組みや制度の立ち上げを含む本格的な法律を成立させるためには７年はかかると覚悟すべきというアドバイスがある。７年は下院議員選挙が３回，大統領選挙が２回，上院議員選挙が１回行われる期間であり，その間には大統領も上下院の多数党も変わり得る。政権が変わり，議会の多数党が変われば，立法分野の優先順位も変わるのが当然であり，変化する環境の中で上下院で内容を一致させ，法案を成立させるには粘り強い努力が必要となる（上下院での法案成立状況は表 2-3 参照）。

大統領と議会の多数党が異なる場合や上院と下院の多数党が異なる場合，そして政治的に重要あるいは論議を招く法案について，一

表 2-3　上下院での法案の成立状況

議会会期	院　別	提　出	本会議送付（委員会より）	可　決
116 議会（2019-20）	下院	10573	676	1191
	上院	6028	534	1018
115 議会（2017-18）	下院	8876	1084	1484
	上院	4680	656	1081
114 議会（2015-16）	下院	7774	868	1186
	上院	4289	618	926
113 議会（2013-14）	下院	6925	667	931
	上院	3712	496	857
112 議会（2011-12）	下院	7837	642	863
	上院	4462	408	880

注　本会議に送付された法案数よりも可決した法案数が多いのは，委員会を経ずに本会議に直接送付され，可決される法案があるため。

（出典：congress.gov のデータを筆者が編集）

方から他方の院に送付された後に法案が審議・採決されない事例が多く見られる。下院で成立した法案が上院で廃案となる例は多いが，逆の例もある。最近では，2006 年と 2013 年に審議された移民制度改革法案が，ブッシュ大統領，オバマ大統領による成立への強い希望があったものの，共和党多数であった下院がいずれも上院から送付された法案を審議せず，廃案となった例がある。2013 年の連邦議会は上院と下院の多数党が異なっていたが（上院民主党，下院共和党），2006 年は上下院いずれも共和党が多数党であり，それぞれの院で成立させた移民制度改革の法案内容が異なっていたため，成立に至らなかった。その後，米国内では大規模な移民制度改革は実施できていない。

(3)　オムニバス法案

オムニバス(omnibus)は，元来は19世紀のフランス語の乗合馬車から転じて自動車のバスを意味するが，内容が様々な異なるものをひとまとめにしたという意味で使われる。法案に関しては，複数の内容の法案を統合し，一括して採決する場合にオムニバス法案(omnibus bill)と呼ばれる。この手法がもっとも頻繁に使われるのは予算関連であり，新年度の予算が成立しない場合に採択される継続予算決議（Continuing Resolution：CR. →第３章４（2）参照）や歳出法案の審議・採決の場合に用いられる（歳出法案については，→第３章３（1）参照)。

歴史的には「1850年の妥協」を協議した際に，オムニバス法案を用いて，性質の異なる法案を協議し，成立させた例や，アメリカの領土拡大当時に各州を連邦に編入する際の法案等が知られる（ただし,「1850年の妥協」は最終的には逃亡奴隷法等の５の個別の法案に再度分解して採択した。→第７章２（3）参照)。

オムニバス法案による採択の方法については，大規模な法案（とくに歳出法案）を一括して短期間で採決することから批判も多い。小委員会で審議をはじめ，委員会，本会議と審議・採決を進める通常の法案審議の順序（regular order）から逸脱し，とくに予算関連の法案の場合には，下院本会議で短時間に大量の法案の内容を精査する時間もなく一気に可決することは，議会審議の形骸化であると反発する議員もいる。

7　行政府の関与（法案の作成・大統領の署名・拒否権）

(1)　法案の作成への行政府の関与

合衆国憲法上，立法権限は連邦議会のみが有し，法案・予算案を提出できるのは連邦議会議員に限られる。この点は議院内閣制と決定的に異なる。憲法制定後まもなく，19 世紀半ばまでは，議員が手書きで法案を用意し，審議することも普通であった。しかしながら，20 世紀に入り，経済・社会が複雑化・専門化する中で，議員自身が法案を起案することが難しくなってきた。今でこそ上下院議員は多数のスタッフを雇用しているが，20 世紀初頭まで議員はほとんど事務所にスタッフを雇っていなかった。ニューディール政策の多くは，実質的には大統領・行政府が起案し，形式的に議員が提出したことが知られている（→第 7 章 3 (3) 参照）。また，1964 年の公民権法もジョンソン大統領が強力に後押ししたが（→第 7 章 4 参照），その際には公民権運動を支持する上院議員と緊密に調整した。最近の例でも，2008 年秋の世界金融危機（いわゆるリーマン・ショック）に対処するために策定された不良資産救済プログラム（根拠となった法律は Emergency Economic Stabilization Act of 2008（2008 年緊急経済安定化法））は，素案はホワイトハウスと財務省が起案し，少数の議会関係者により法案化され，下院での審議（いったんは否決），上下院の調整を経て成立した。

現在もホワイトハウス（大統領府）は，立法担当部局（Office of Legislative Affairs：OLA）を通じ，日常的に連邦議会の各委員会や議員と連絡を取り合い，法案や政策に関し意思疎通を図っている。大統領・行政府側が法案そのものを起案することは少ないが，大統領が推進する政策に関するコンセプトを提示し，議員側と調整したり，議員側が準備する法案に非公式に意見を述べることは日常的である。こういった日常的なやり取りを通じ，大統領側は自らが推進する政策を支援する議員を見つけるとともに，議会側でどのような法案が準備されているかを把握する。議員側も，行政府が支持する法案の方が成立と予算確保の可能性が高まることから，一定程度調整することに実益がある。各省庁にも立法担当部局（OLA）が設けられ，連邦議会との連絡調整の窓口となっている。これらの部局は，議会の動向に関する情報収集を行うとともに，立法に関する意見を議会側に伝える役割を果たしている。ただし，行政府との調整を経ず，ときにはその反対を省みずに成立する法律もあり，現行の法律や政策と合致しないなど，その実施に困難が生じる場合もある。

(2)　署名と拒否権の手続

上下院が可決した法案は，大統領が署名することで法律として成立する。大統領は合衆国憲法第1条7節の規定により，法案に署名し，法律として成立させることもでき，また署名せずに10日間を経過させて成立させることも可能である。大統領が法案に反対する場合は，拒否権を発動し，法案を上下院のいずれかに再送付することができる。上下院が大統領の拒否権を否定するためには，それぞれの3分の2の賛成が必要であり，賛成が得られた場合，その法案は大統領の署名を経ずして法律として成立する。

(3)　拒否権行使の実績

大統領が行使する拒否権を連邦議会が乗り越えるのは容易ではない。1789年の連邦議会成立後，2023年までの間で歴代46大統領のうち，38大統領が拒否権を延べ2585回行使した。その中で議会が大統領の拒否権を覆したのは112回（全体の4.3%）に過ぎない（→表2-2参照）。その一方，ケネディ，ジョンソン両大統領および現職のバイデン大統領を除く，第二次世界大戦後の大統領のいずれもが，自ら行使した拒否権を覆されたことがある。有名な例としては，レーガン大統領が南アフリカのアパルトヘイトに対する制裁を課す法案に拒否権を行使した際，上下院が拒否権を覆し，法律として成立させた例がある。

最近では 2020 年 12 月末に，トランプ大統領が国防授権法案に対して行使した拒否権を上下院が覆している。ただし，国防授権法は例年超党派の賛成を得て成立することが多い法案であり，トランプ大統領が拒否権を行使したことが通常の大統領の対応とは異なっていたという事情もある。そのため，上院・下院ともに党派対立を超えて 3 分の 2 の賛成が得やすい例であったともいえる。

コラム　法案成立のための手練手管

法案は上下院における討論・修正を経て採決され，両院の一致と大統領の署名を経て法律として成立する。その過程では，様々な戦術を駆使して，法案成立の可能性を高めたり，反対に他の政党の案を反映させないように駆け引きが行われる。

本文で触れたとおり，法案には，①委員会を通じて本会議での成立を目指すもの（regular order に基づく），②委員会の審議を経ずに上院本会議に提出して成立を目指すもの（規則 XIV を使う場合），③付託解除動議（motion to discharge）を使って下院本会議に提出し，成立を目指す方法，④財政調整プロセスを活用するもの（頻繁には使えない），⑤国防授権法案，連邦予算法案（歳出法案），農業法案（Farm bill）等の成立が必須な法案の修正により成立させるもの（法案をクリスマスツリー化する）等，様々な成立方法がある。

多数党・少数党の対立が少ない内容の法案であれば，①の委員会からの積み上げによる成立も可能である。②は法案の内容が重要であると指導部が判断し，議題として採り上げるかが最大のポイントとなる。③は下院指導部の意向に反する形で法案を提出する可能性があるので成立の可能性は非常に低い。④ができる機会は少ないが，他の修正と共に成立させることは不可能ではない。⑤は下院においては関連性（germaneness）のハードルを乗り越える必要もあり，上下院で修正を一致させる必要もあるが，しばしば行われる。④，⑤いずれの場合も，修正案に対する各委員会および党の指導部の支持が不可欠となる（さもなければ法案から修正が削除されてしまう）。議員は，これらの選択肢のうち，どれが一番成立の見込みを高くできるかをよく考え，各委員会の審議日程や委員会のメンバー構成，指導部の関心事項等も踏まえて，対処することになる。

また，法案に関する「修正の木（amendment tree)」につき，事前に多数党が修正箇所を全て埋めてしまうことは可能である（fill the tree)。それは修正可能な回数に上限があるからである。そして，多数党側が相手に発言・討論の機会を与えないまま，法案の修正の機会を自らで埋めてしまうと，相手は修正する機会がなく，法案に賛成するか反対するしか機会がなくなる。少数党はこうした法案に，賛成する意欲が低くなるのが普通であり，多くの法案は成立を期待せずに提出される。この戦術をとるねらいの多くは，上院において多数党が有利な形で日程を管理することにある。その一方で，多数党と少数党側の間で，多数党側から修正の機会が内々に提示され，少数党からの修正を受け入れることにより，法案成立の可能性を高める工夫も行われる。

■ 第3章
連邦予算の制度と編成過程

1　はじめに――連邦議会主導の予算編成

アメリカにおける国家予算の編成過程が日本と大きく異なる点は，行政府が予算編成の権限を持たないことである。大統領は，毎年連邦議会で行う一般教書演説（State of the Union）に際して，行政府として希望する予算を表明するが，これはあくまでも議会にとっては参照とするものでしかない。連邦議会による予算編成過程は法律で定められており，毎年行政府から示された予算教書を踏まえつつ，議員が予算案を策定し，下院・上院と審議・採決をした上で，成立させることとなる。また，法律には予算策定期限が定められているものの，期限までに予算が成立することは非常に少ない。毎年いわゆる「つなぎ予算」が採択されることも，アメリカの特徴である。つなぎ予算が成立しない場合には，連邦政府が機能するための財源が不足し，一部の職員が一時帰休を強いられる連邦政府の閉鎖（government shutdown）にも至る。

アメリカの予算編成過程のもう一つ大きな特徴は，予算案が法案の形をとることである（日本では政府が国会に予算書を提出する）。予算案は授権法案（authorization bill）と歳出法案（appropriation bill）の二つの形式をとり，基本的には連邦議会が行政府に対して事業実施の枠組みを示す法律（授権法）と，その枠組みの範囲内で個々の事業に具体的な財源を付与する法律（歳出法）の双方が揃うことにより，行政府が予算を執行できる。予算の編成に財源の裏付けが必要であることは言うまでもなく，様々な事業を行いたい議員が授権法に多くの事業を盛り込んだとしても，実際には財源の裏付けを得て，それらが歳出法に含まれないことには，事業は実施できない。なかなか理解しにくいのが，授権法は常に必要という訳ではないが，歳出法が成立しない限り予算は成立しないことである。そのため，上下院の歳出委員会は各院の中でも大きな権限と影響力を持つ。

本章においては，こうした連邦議会における予算編成過程とその特徴を概観する。

2　アメリカの予算制度

(1)　憲法および法律上の根拠

合衆国憲法第1条第8節においては，連邦議会が税および他の国庫の収入，支出，債務に関する法律を制定する権限を与えられている。連邦議会の中でも，税・歳入に関する法案を起案できるのは下院とされており（第1条第7節），基本的に両院が対等とされる中で，この点は下院に優先的な権限が与えられている。この下院の権限は一般に「財布（または財政）の権限（power of the purse）」とも呼ばれ，重視されている。そのため税と関税等を所掌し，議会内で最古の常任委員会でもある下院歳入委員会（Ways and Means Committee）は，強大な権限を有する委員会として一目置かれている。

実際，上院で策定された法案の中に，下院に優先的な権限がある税や歳入に関する条文がある場合には，下院側が上院に対して当該条文が下院の権限を侵していると指摘することができる（この指摘は，通常下院による決議の採択という形式がとられ，その決議が青色の紙に印刷されていることから，blue slipping と呼ばれる）。下院は，こうした条文を含む上院側の法案を修正したり，単に審議をしないこと等により，その成立を阻止できる。そのため上院側が先に成立させる法案にはこうした条文を含めることはできず，少なくとも下院側において同一の内容の法案を成立させている必要がある。

(2)　連邦議会の権限

連邦議会が当初から強固な予算編成権限を持っていたわけではない。20 世紀当初から，行政府には行政実務に関する情報が集約されており，1921 年の予算会計法 Budget and Accounting Act of 1921 は大統領に対して連邦予算を編成し，議会の審議・採決のために提出する根拠となっていた。政府による個別の支出についても，その都度議会に対して法案の形で諮られていたため，年度全体の歳出あるいは政府の債務の規模は年度末までわからないことも珍しくなかった。しかしながら，第二次世界大戦後しばらくの間は連邦予算の剰余や債務は高額ではなかったため，こうした運用でも問題ないとされていた。

1974 年に当時のニクソン政権が連邦議会と予算の使途を巡り厳しく対立し，その結果，行政府の権限をコントロールする手段として議会予算法（Congressional Budget and Impoundment Control Act of 1974）が成立した。その結果，予算の支出に関する行政府（大統領）の裁量はそれ以前より制限され，議会内に議会予算局 Congressional Budget Office（CBO）が設けられることとなった。それまでは大統領府に設置されていた行政管理予算局 Office of Management and Budget（OMB）が歳入・歳出関連の情報を集約し，予算配分に関する機能をほぼ独占的に担っており，議会関係者も OMB に依存していた。その後は CBO が独自に予算に関する分析をすることができるようになり，連邦議会が独立して連邦予算を立案する基盤が設けられたと言える。

(3)　予算審議の日程

連邦予算の会計年度は10月1日に始まり，翌年の9月30日に終わる。10月1日の年度初に向けた予算審議のスケジュールは法律に定められているが，実際に予算成立が年度初に間に合うことは非常に少ない。日本のように予算審議を最優先にすることはなく，他の法案と同様に審議・採決を行うのもその背景の一つと言える。そのため，予算が成立するまではいわゆる継続予算決議（いわゆる「つなぎ予算」）を成立させることで，政府機能を維持することになる。仮に党派対立等により継続予算決議が9月末までにできない場合には，連邦政府の一部機能が閉鎖することとなる。

実際に連邦予算が10月1日の予算年度当初に成立することは少ないものの，予算成立に関連した日程は以下の通りである（表3-1）。

大統領は例年1月末から2月中旬にかけて，連邦議会において演説を行い，政権の重要施策や優先課題を表明し，議会の支持を呼びかけるとともに，政策実施に必要な予算を要求する。この演説をState of Union Addressと呼び，日本では一般教書演説と訳されることが多い。大統領の演説は，1月から2月にかけて行われるが，その根拠は合衆国憲法第2条第3節に拠る。同条では，「大統領は，随時，連邦議会に国の現況についての情報を提供し……勧告を行う」とされており，大統領が政策や予算等について報告する時期についての規定はない。慣例として1月最終週の火曜日に演説を行うとされているが，毎年時期は異なる。2022年のバイデン大統領の演説は例年になく遅れ，3月1日に実施された。

大統領による連邦議会に対する予算等を含む種々の報告は，過去には書面で行われることも多かったが（20世紀初頭まで大統領が連邦議会を訪れることはまれであった），1913年以降ウィルソン大統領が連邦議会に赴いて演説し，政策への支援を呼びかけたことでその後

表 3-1　予算に関する節目の日付

日程・期限	行政府・立法府の対応	備　考
1月の第1月曜日以降2月の第1月曜日まで	大統領が議会に対して包括的な予算要求を行う	大統領が議会にて行う演説(State of Union Address)において予算要求も行う
2月の第1月曜日まで	議会における予算審議開始	
2月15日		
4月1日	上院予算委員会における予算決議の報告期限	下院予算委員会に関しては同様の規定はない
4月15日	予算決議の採択期限	期限が守られることは少ない
6月15日	財政調整プロセスに基づく上下院の一致の期限	財政調整プロセスを通じ，上下院の予算決議の相違を調整する
6月30日	下院での歳出法案の策定期限	
9月30日	予算年度の終了	
10月1日	予算年度の開始	年度初までに予算が成立しない場合は，継続予算決議を採択する必要あり

の大統領も行うようになった。これ以降，一般教書演説が議会にて恒常的に行われることとなった。

行政府による予算提案の提出期日は，合衆国法典第31篇第1105条に規定されている。実質的には，一般教書演説の実施後に，同演説で示された予算要求を詳述した予算教書が例年2月に行政管理予算局から連邦議会に提出されることで，担保されている。行政府が提出する予算教書は，政権としての優先課題や各省予算の概要を説明した100ページあまりの本文に加え，個別事業の予算項目や過去の推移，歳入の予測等のデータも含まれ，図表や附属書を含む

図 3-1　連邦予算成立の流れ

予算決議（Congressional Budget Resolution）の策定・可決

↓　　注：成立しないこともある

授権法案（Authorization Bill）の策定・可決

↓　　注：成立しないこともある

歳出法案（Appropriation Bill）の策定・可決

注：成立が必須
（さもないと連邦政府閉鎖）

と1000ページ以上の大部の文書である。ただし，これはあくまでも行政府から議会への要請であり，議会は別途議会予算局において予算を策定することとなる。

(4) 予算策定の基本的な流れ

連邦議会において，予算は予算決議の策定，授権法の策定，そして歳出法の策定という流れで成立する。3者のいずれも上下院で一致する内容としなければならないが，党派対立等により，予算決議や授権法が成立しないことも珍しくない。連邦予算を執行するためには，少なくとも歳出法が成立する必要がある。そのため，上下院において歳出法の成立に向け，どのように合意を形成するか，上下院で法案（予算）の内容を一致させるか，そして最終的に大統領が法案に署名するかがカギとなる。

3　連邦予算の基本的な考え方

(1)　授権と歳出

連邦予算においては，連邦議会が行政府に予算の執行の権限を与えるための法案（授権法案）と，個々の予算の項目に具体的な財源を付与する（歳出法案）の双方が原則として揃う必要がある。よく使われる比喩として，授権（authorization）はいわば家計における支出のおおよその枠組み（家賃，食費，教育費等）であり，歳出（appropriation）は，その枠組みの中での個別の支出項目とも言える。まず家計において当事者（家族のメンバー）の間で，収入を何に使うか，おおよその合意を得る必要がある。その一方で，支出に合意があったとしても，支払のための財源がなければ実際には支出ができない。たとえば，収入（財源）のうち家賃に５万円，食費に３万円，教育関連費用に２万円を充当する（歳出に当てる（appropriate））ことになる。仮に食費に５万円を支出することが認められていたとしても（授権されていても），財源に照らして実際に充当できる金額が３万円しかなければ，歳出は３万円しか確保できないことになる。連邦議会に関する参考書の中には，授権（authorization）は容器のグラスであり，歳出（appropriation）はその中に入れるミルクであると説明するものもある。

連邦議会では，個別分野の政策を所掌する各委員会において授権法案が審議され，授権法として成立する一方，最終的には歳出法が成立しない限り予算としては確定しない。歳出委員会において，税収等を通じて得られる歳入を踏まえ，連邦政府が実際に確保できる財源を確認した上で，歳出法案に含める個別の事業の金額が，実際に連邦政府として使うことのできる限度となる。

話が複雑になるのは，授権法が成立しない限り，歳出法を制定できないという訳ではないことである。授権による予算の大枠が定まらなくても，歳出法により個別の支出項目が認められれば，連邦予算は成立する。後述するとおり（→4 (1) 参照），毎年授権法が成立するのは国防分野（国防授権法．NDAA（National Defense Authorization Act））であり，これはアメリカにおける国防分野の重要性を象徴するとも言える。

下院の歳入委員会(Ways and Means Committee)は徴税・関税等の連邦政府の歳入を司る。これに対して，歳出委員会(Appropriation Committee)は，実際の連邦予算の各省庁・事業への配分を決定する。歳出委員会において予算が配分されない限り，実際に事業が実施できないことから，歳出委員会は歳入委員会と並んで大きな影響力を持つ。日本において，行政府の財務省が予算配分に関する権限を独占的に持っていることと対照的である。そのため歳出委員会を，行政府との対比で，キャピトルヒルにおける政策の司令塔であると表現する向きもある。そして歳出委員会の委員長および個別分野を所掌する 12 の小委員会の長は，全体および個別の予算配分，さらにはイヤマーク（→ (6) 参照）に大きな影響力を持つ。歳出委員長，各小委員長をカトリック教会になぞらえて「枢機卿会」(College of Cardinals)のメンバーと称することもある。

歳出委員会が配分できる予算規模は年々減少傾向にある。日本と同様，連邦予算の相当部分は医療および社会保障関連の支出（Medicare, Medicaid, Social Security 等）であり，法律上支出額が自動的に計上される義務的経費である。最近ではこの義務的経費が予算全体の 7 割近くに上る。義務的経費はその支出根拠となる法律そのものを変更しない限り，毎年の支出が自動的に決められることから，歳出委員会がその配分につき実質的に関与することはない。これに対して，個別の政策に基づく事業は裁量的経費（あるいは政策的経費）として連邦議会において審議・採択される。こうした政策的経費を歳出委員会および各政策を所掌する 12 の小委員会が取り扱う（上下院の歳出委員会の下の小委員会の一覧は→表 3-2 参照）。

(2) 予算決議

連邦予算は上下院が完全に一致した案を成立させ，大統領の署名を得ない限り成立しないが，上下院の予算案の前提として議会予算

表3-2　歳出委員会の下の小委員会（上下院ともに名称は同一）

日本語	英語
農業・地域開発・食品薬品管理局（FDA）および関連機関	Agriculture, Rural Development, Food and Drug Administration, and Related Agencies
商務・法務・科学および関連機関	Commerce, Justice, Science, and Related Agencies
国防	Defense
エネルギー・水開発および関連機関	Energy and Water Development, and Related Agencies
金融サービスおよび政府行政全般	Financial Services and General Government
国家安全保障	Homeland Security
内務・環境および関連機関	Interior, Environment, and Related Agencies
労働・保健および社会福祉（HHS）・教育および関連機関	Labor, Health and Human Services, Education, and Related Agencies
立法府	Legislative Branch
軍事建設・退役軍人および関連機関	Military Construction, Veterans Affairs, and Related Agencies
国務・外交活動および関連事業	State, Foreign Operations, and Related Programs
運輸・住宅および都市開発（HUD）および関連機関	Transportation, and Housing and Urban Development, and Related Agencies

決議（Congressional Budget Resolution）が別途存在する（予算決議，budget resolution と通称される）。予算決議は原則として毎年成立させる必要があることから，上下院のいずれにおいても優先事項（privileged business）とされ，通常の法案よりも迅速な審議手続が

定められている（迅速な手続を一般に fast track と呼ぶ）。

予算決議には，法律に基づき，予算総計（budget aggregates）として主に以下の要素が含まれている必要がある。

・連邦予算の支出の合計
・連邦予算の使途を国防，農業，エネルギー等の約 20 にわたる部門別に分割した支出の合計
・連邦予算の歳入の合計
・連邦予算の債務（あるいは余剰）の合計

これらにつき，今後最低５年間の見通しを含むことが求められている（今後 10 年の見通しを含めることもある）。

この予算決議の最大の目的は，裁量的経費（政策的経費）の各分野における支出の上限（top line）を定めることにある。予算決議は，上下両院の予算員会・本会議で審議・採択される。そして，予算決議によって示された上限は，歳出委員会における各事業への予算配分の際に超過することは原則としてできない。このため予算決議は，授権・歳出，そして税の徴収等の歳入を含めた，連邦予算の青写真を定めると形容される。予算決議は上下院だけで決められ，大統領による署名を要しないことから，法律としては成立せず，法的拘束力を持たない。しかしながら，上下院における予算決議の修正の機会は限定されていることから，他の法案（決議）と比較して迅速に採択されることとなる。

具体的に説明すると，まず予算決議は優先事項とされていることから，他の法案が審議されていても優先的に上下院の審議日程に載せることができる。また，多数党が優位に立つ下院においては，少数党等による予算決議の修正（代替案）はおおむね否決される。上院においても，予算決議は無制限の討論（フィリバスター）の対象とはならない。また修正には関連性（germaneness）が必要とされており，その制約を

取り除き，修正が認められるためには 60 票の賛成が必要となる。

上院でも討論（debate）時間は最大 50 時間に限定されているが，決議案の考慮（consideration）に制限はない。そのため，予算決議の内容を通じて，自らの主張を明確にし，争点をはっきりさせようとする上院議員は，vote-a-rama（複数形は vote-a-ramas）と呼ばれる多数の投票を行うことが可能である。vote-a-rama は，上院において 1 日に 15 回以上の投票（roll call）が行われることを指す。予算決議および後述する財政調整法案（reconciliation bill），そして一部の法案の考慮に際しては，討論時間に制限が付されたとしても，無制限の修正を行うことが可能である。そのため，数十に及ぶ修正が提案され，それらを個別に長時間かけて採決することになる。その修正の多くは否決されることになるが，それでも個別議員が重要と考える論点を提起する機会となる。vote-a-rama は，最終的に可決されるとわかっている法案に時間を費やすことから，時間の無駄であるとの批判もある。しかしながら，予算決議に上院議員全員の関与を確保する意味で，合意形成を図る上で重要な手続とも考えられる。

予算決議の vote-a-rama は，予算決議そのものの法的拘束力がないことから，象徴的な意味しかないとされる。これに対して，財政調整法案の採決は実質的な予算の変更につながる。また，予算決議の vote-a-rama でも，他党に困難な立場の投票を強いる政治的な効果がある。たとえば，2021 年 8 月の上院の予算決議では，民主党が気候変動問題への取組みを強化する中で，共和党側が，環境保護庁にフラッキング（シェールガスの採掘方法）を禁止させない修正条項や化石燃料由来の発電施設への連邦支出を制限する修正条項を提案し，一部の化石燃料生産州の民主党議員を「造反」させることに成功した。ただし，予算決議の vote-a-rama の対象は，あくまでも個々の修正案であって，予算決議全体の成立には影響はない。

なお，vote-a-rama は 1977 年以降 2022 年までの間で 62 回実施されており，その大半は予算決議および財政調整プロセスである。2007 年の移民改革法といった重要法案の採決や一部の議事手続において使われたこともある。

法的拘束力を持たない予算決議の実効性をその後の連邦議会の予算審議で確保する方法としては，下院上院のいずれかの審議における，議事進行上の異議申立て（point of order）がある。審議において，予算決議にて定められた上限を超えた修正が提案された場合には，異議申立てを行い，当該提案を却下することになる。この異議申立てについては，適用除外を求めることもできるが，その際には下院では過半数，上院では 60 票の賛成が必要となる。

予算決議は連邦予算の青写真として重要ではあるが，近年の党派対立の厳しい環境の中で，成立しないこともある。1998 年，2002 年，2004 年，2006 年，そして 2010 年から 2014 年の間，議会は上下院の意見の相違や上院での僅差の過半数等が理由で，予算決議は成立しなかった。予算決議が成立しない場合は，上院，下院はそれぞれ単独で「みなし決議（deeming resolution）」を可決し，予算上限（top line）の参照とすることもある。

予算決議が成立しない背景には，社会政策等に熱心で，政府の関与や支出の拡大をいとわない民主党と，小さな政府を標榜し，支出の削減に熱心で政府の事業拡大に否定的な共和党の基本的な考えの違いがある。予算決議が成立しない場合でも，歳出法案が成立することで，連邦予算は成立する。そのため，予算決議の成立は必須ではないとの冷めた見方をする議員もいる。とくに上下院の多数党が異なる場合（divided congress とも呼ばれる），一方の党が多数を占める下院で成立した決議を他方の党が多数を占める上院では過半数の支持が得られないことから，後述の財政調整プロセスを活用して成立させることができない。

(3)　財政調整法案

重要な政策・予算の実施に際して最近多用されるのが，財政調整（reconciliation）法案（bill）である。財政調整法案を成立させるこのプロセスは，本来は年度途中に大きな事業を新たに実施する必要があると考えられた際に，既存の歳出，歳入（税収）および債務上限に関する法律・制度と新たに事業に必要な施策（およびそのための支出）を調和させる（reconcile）ためのものである。しかしながら，その議事手続において，迅速な意思決定が許容されていることから，多数党が自らの政策を実現するための手段として多用するようになっている。また，予算決議を成立させる手段としても財政調整プロセスは使われる。

財政調整プロセスでは上院における手続が大幅に簡素化される。上院では討論時間が 20 時間に制限され（フィリバスターが適用されない），単純過半数で法案が成立する。さらに修正内容も関連性（germaneness）が求められることから，大幅な変更が認められない。財政調整手続は，政策を推進する政権・多数党が通常の予算編成手続を迂回する方法とも見られている。ただし，上下院の多数党が異なる場合，上院が下院の意向に沿った案を支持することが期待できないため，財政調整プロセスは採れない。

財政調整法案は 1974 年議会予算法に規定された手続であり，80 年代以降徐々に使われるようになった。著名な例としては，1996 年にクリントン政権が社会福祉改革を行う際や，2003 年にブッシュ政権が大幅な減税を実施する際に，財政調整プロセスが使われた。その後も 2017 年にトランプ政権が大幅減税を行う際にも使われ，2022 年にバイデン政権において，気候変動対策と医療政策拡充のためのインフレ抑制法（Inflation Reduction Act of 2022）を可決する際にも活用された。2003年，2022年の連邦議会では，民主・共和党の上院での議席が50対50と伯仲し，通常の予算手続では政策が実現しないと目されたことも，財政調整プロセスが使われた理由と言える。

財政調整法案を成立させるためには，まず予算決議に財政調整のための指示（reconciliation instructions または reconciliation directives）を含めなければならない。この指示には，各委員会に対する歳出・債務の削減，あるいは税収の増加等が含まれる。次いで予算委員会において財政調整法案が策定され，各委員会への指示に基づく歳出の削減等と新たな事業の実施が統合された法案となる。これにより，新たな政策・事業が実施されるとともに，既存法に基づく歳入・税収が変更されることになる。財政調整法案は，大規模な政策・事業の実施を前提とする場合が多いことから，複数の委員会の所掌にまたがることが多い。そのため，法案は複数の法案を束ねたオムニバス（omnibus）となることが通常である。各委員会から提出された個別の法案に対して，予算委員会で大幅な修正をすることは認められていない。

財政調整プロセスは，フィリバスターを回避し，比較的迅速に意思決定が可能な枠組みであることから，頻繁に用いられる傾向があるが，その使用は制限されている。1974年議会予算法上，１予算年度に用いる財政調整プロセスの回数を制限する規定はない。その一方で，同法第310条においては，財政調整プロセスは，予算の歳出，歳入および債務上限を変更するために１予算年度において適用可能であると規定している。この点につき上院では，予算決議に含めることができる財政調整プロセスのための指示の回数は，歳出，歳入および債務上限に関連した各１回ずつと解釈されている。また，上下院における予算決議の合意も容易ではないことから，実質的には1予算年度内に1回しか使われない慣行が続いてきた。1974年議会予算法の成立以降，2022年までの間に財政調整法が成立した回数は22回である。なお，上述のとおり，上院と下院の多数党が異なる場合は，財政調整プロセスが使用されることはない。

(4)　予算関連条項の確認

1980年代に財政調整プロセスが頻繁に活用され，既存の法制度・予算に様々な修正を加える傾向が強まった。このため，小委員会，委員会，本会議の順を追った通常の予算制定過程に回帰すべきとの主張がされるようになった。その顕著な例が，1985年のバード（Robert Byrd）上院院内総務の提案である。この提案は96対0という，上院議員の圧倒的多数の賛成により1990年に成立し，財政調整法案には予算関連以外の修正を認められないこととなった。この提案は，正確には異議申立て（point of order）手続を行うものであり，議会予算法に反映され，バード条項（Byrd Rule）と呼ばれることとなった。その後は，財政調整法案が取りまとめられた際には，バード条項に基づき，個別の修正部分につき，歳入（税収を含む）・歳出・債務上限関連の修正であるか否か（extraneous matters であるか否か）が検証される。

バード条項の検証に際して，無関係な事項（extraneous matters）と判断されるのは以下の項目である（議会予算法第313条）。

- 修正が歳出・歳入の変化をもたらさないもの
- 所掌する委員会により歳出・歳入に関係すると判断されるものの，財政調整の指示に適合しないと判断されたもの
- 委員会の所掌以外の事項
- 歳出・歳入の変更が予算関連以外の規定に基づき付随的（incidental）に発生するもの
- 財政調整法案が対象とする期間を超えて債務を増大させるもの

・社会保障制度の変更を求めるもの

この検証作業は，政治的に党派性のない上院のパーラメンタリアン（→第２章５（1）参照）が実施し，予算関連の修正ではないと判断された修正箇所は法案から削除される。この検証作業は一般にByrd Bathと俗称される。それは，個々の修正提案の中から法案に含まれるべきでない異物を取り除く，（風呂での）洗浄作業とイメージされるためとも言われている。この作業は大規模な法案の場合には数日間かかることもある。

大幅な歳出増を含む政策の実現には，予算に関連しない既存法の修正が必要であることもあり，バード条項が財政調整法案の提出の障害となることもある。有名な例としては，2010年の社会保障改革（いわゆるオバマケア）が挙げられる。民主党指導部は当初，少数党の共和党からの支持が得られないことを想定し，財政調整プロセスの活用を企図した。しかしながら，パーラメンタリアンからオバマケア実施のために必要な制度設計には予算関連ではないと判断される要素があるとの指摘を受け，財政調整法案の導入を断念し，最初に上院での法案可決に必要な60票の支持を集めるようにした。具体的には，予算関連部分とされなかった部分をまずは2009年12月に成立させ，その後オバマケアの実現のために必要な予算関連部分を財政調整法案として可決し，2010年１月に法律として成立させた。

(5)　予算の使途特定

連邦予算（歳出法）の中で，よく政治的に論議の的となるのが予算の使途特定（イヤマーク〔earmark〕）である。イヤマークに明確な定義はないが，一般的に予算（歳出，授権法案，あるいは歳入関連法案の中の税の使途に関する規定）の一部を特定の使途に用いる旨明記することを意味する。イヤマークは行政府（大統領）が予算教書にて行うこともあり得るが，論議となるのは主として特定の議員の要求でなされる場合である。

イヤマークの対象となる事業の例には，道路，鉄道，空港，上下水道等のインフラ整備や学校整備といった教育福祉関連事業がある。こうした議員の地元選挙区・地元州への事業については，所在地を特定した事業を揶揄する意味で「郵便番号に基づく支出」(spending by zip code) や「議員案件」(member project) と呼ばれたりする。法案そのものにイヤマークが規定されることは多くないが，委員会の（本会議に対する）報告や両院協議会の報告に含まれることもある。

連邦議会議員によるイヤマークは，利益誘導につながる，あるいは効率的な予算配分・執行の支障となるとの批判が多い。とくに2000 年代以降，財政赤字が問題視され，小さな政府を標榜する共和党が歳出削減を重視する中，イヤマークが無駄な支出の例として批判された。2000 年代初頭にはまた，イヤマークの実現と引き換えに政治献金をあっせんした贈賄の疑いでロビイストが逮捕される事案が発生し，腐敗の温床としても非難された。イヤマークの件数は 1994 年には 4126 件であったのが，2005 年には 1 万 5877 件にまで増大したとの指摘や，予算額も年々増大しているとの批判もある。

イヤマークへの批判に対して，上下院において使途特定の手続の透明性を高め，情報開示を行うといった改革が行われている。議員の中には，公約としてイヤマークの廃止を訴えたりする者もいる。2011 年以降，イヤマークは形式的に上下院において考慮されないとされているが，それを迂回する方法もあるとされる。たとえば，議員が直接，事業を実施する省庁に電話や書簡等で連絡し（その方法を phonemark，lettermark と呼ぶこともある），個別に働きかけることになるため，かえって透明性が損なわれるとの指摘もある。

イヤマークを擁護する意見もある。議会関係者の中には，各省庁の関係者よりも，地元を良く知る議員の方が住民が必要とする事業を知っていると主張する者もいる。また，地元の代表者である連邦議会議員は，地元の要望に応えることで再選される（よってイヤマークを行うのは当然である）という指摘もあり，情報開示さえ行えば，イヤマークそのものに問題はないという見方もある。さらに，イヤマークを廃止すると，上下院の指導部が法案成立のために自党の議員から支持を集めるために，各議員が関心のある事業のイヤマークを梃（てこ）に使う機会が失われるという見方もある。

(6)　財源確保の原則（paygo）

1990 年，議会予算法を改正する形で予算執行法（Budget Enforcement Act of 1990）が成立した。これは，連邦予算における義務的経費の増大により政府の債務が中長期的に拡大することへの懸念に対処するためのものであった。同法第 13204 条において，義務的経費を増大させる際には，連邦予算の債務を増大させてはならないと規定された。これにより，義務的経費を増大させるためには，予算の義務的経費の他の部分を減額するか，税収増を通じた歳入の増加等により義務的経費の増加分と相殺させることを求められることとなる。1990 年の予算執行法は時限立法であり，2002 年に一旦失効したが，2010 年に再導入され，恒久的な規定となった。

この歳出増に見合う財源確保の原則は，pay-as-you-go あるいは paygo と呼ばれる。pay-as-you-go は従量課金や都度払いという意味に近い。2010 年に成立した法律は，Statutory Pay-As-You-Go Act of 2010 が正式名称であり，連邦予算の歳出に関する立法と新たな歳入につき，予算の財政中立性（budget neutrality）を確保することが目的とされている。上述のとおり，新たな政策実施のための義務的経費の増加分は歳出減または税収増による歳入によって相殺されることとなっているが，政策導入の影響は，その後5年間モニタリングされることとなる。モニタリングの役割を担うのは，大統領府の行政予算管理局（OMB）である。もし財政の中立性が確保されない場合（債務負担が増大する場合）には，大統領はさらなる義務的経費の削減を指示しなければならない。ただし，社会保険（Social Security），失業給付，医療保険（Medicaid）等の社会保障政策，さらに予備的経費（supplementary/emergency funding）は削減の対象から除外される。

上述の通り，小さな政府を標榜する共和党議員に政府の歳出拡大に批判的な見方が強いが，民主党の中道派議員にも，財政規律を重視する者も少なくない。そのため，連邦議会において新たな政策や事業が提案する際，多くの議員はその政策・事業が財政中立的であり，債務負担を増加させないことを説明する。その際に，paygo の原則が守られていることを強調することが多い。

4　予算の審議と採決

(1)　上下院各委員会・本会議での審議・採決

予算決議，財政調整プロセスは上述のとおりであるが，授権および歳出法案についても，基本的には法案審議と同様に，各委員会において公聴会を開催し，法案を審議・可決する流れが踏襲される。そして，分野別の授権または歳出法案が個別あるいは一括して本会議に上程され，審議・採決される。

授権法案は連邦予算の大枠を定める重要な法案であるが，予算決議と同様，必ずしもすべての所掌分野につき毎年成立させなければいけないものではない。国防授権法案（NDAA）は，1961年以降毎年成立しているが，他の分野の法案は必ずしも成立している訳ではない。たとえば，外交を担う国務省の活動を基礎づける外交関係授権法案（Foreign Relations Authorization Act）は，2002年に成立して以降，2016年まで成立しなかった。その背景には外交政策を巡る党派対立があり，法案につき合意形成ができなかったことが挙げられる。

外交関係の授権法は2021年には，国防授権法案に統合される形で，2021年国務省授権法案（Department of State Authorization of 2021）として成立した。連邦議会内には外交政策に関し，大統領（行政府）の裁量が大きすぎ，議会が十分な監督をできていないとの見方が根強い。そのため，授権法を通じて議会による外交活動への関与を明確化しようとする考えもある。その一方で，議会内にも対外援助における家族計画（人工妊娠中絶）の是非をはじめ，個別の外交政策に関する党派（ときには同じ党内）の意見対立がある。また，多額の税金を対外政策・対外援助に使用することが有権者に理解されないという理由で，授権法の議論（あるいは法案への支持）がしにくいという議員の事情を指摘する向きもある。

歳出法が必要とされるのは，合衆国憲法第1条第9節の規定，すなわち歳出は法律に基づき定められていない限り，国庫から支出できない旨の規定があるためである。いいかえれば，歳出法があることにより，各省庁は活動の根拠が得られ，費用を支出することが認められる。歳出法は，前述の通り上下両院の歳出委員会の下にそれぞれ置かれる12の小委員会において審議され，歳出委員会に送付される。そして本会議にて審議・採択される。

歳出法の審議に当たっては，予算決議（→3（2）参照）に基づき設定された，国防，農業，エネルギー等の部門別の上限を超えない形で，歳出委員長が12の小委員会に個別に予算額を配分する。各小委員会はその予算額の範囲内で，個別事業等の予算を決定する。各事業の予算額の決定に先立って，各小委員会は公聴会を数多く開催し，その事業の必要性等につき，関係者から幅広く意見を聞く。歳出委員会は，各小委員会が提示した事業ごとの予算額を変更することは可能であるが，多くの場合は，小委員会の知見・結論を尊重している。

(2)「つなぎ予算」と連邦政府閉鎖

歳出法には大別して3種類が存在する。まず通常の歳出法は予算年度の10月1日から9月30日の期間の連邦政府の活動を根拠づける。第2の種類である補正予算（supplementary appropriation）は，事前に予期し得ない自然災害や軍事活動に充てられる。第3の種類として，継続予算決議がある。これは10月1日までに歳出法案が成立しなかった際に，前年度までの政府の活動を延長する形で期間を限定して予算の支出を認めるものである。継続予算決議は，日本のメディア等ではよりわかりやすい表現として「つなぎ予算」と呼ばれる。歳出法またはつなぎ予算が期限内に成立しない場合，連邦政府は支出できる予算がなくなり，その一部の機能が停止することとなる。

1974年議会予算法が成立して以降，2021年までの間，連邦政府は21回閉鎖されている。その大半は週末にかかる2，3日に限定されるものであり，政府機能の維持に大きな影響は及ぼさなかった。しかしながら，クリントン政権時の1995年12月の連邦政府閉鎖は21日におよび，オバマ政権時の2013年10月の16日間，トランプ政権時の2018年12月の34日間の閉鎖は，様々な支障を生んだ。連邦政府の閉鎖時は，国防・法執行・外交等の最小限の政府機能は維持されるが，それでも多くの連邦政府職員は出勤を求められない一時帰休（furlough）扱いを受ける（2018 年の連邦政府閉鎖の際には 80 万人の職員が一時帰休扱いとなったと言われる）。

(3)　両院間の調整

予算関連の決議・法案も他の法案と同様に，上院と下院との間の相違を埋め，同一の内容として成立させなければならない。そのため，上述のような財政調整プロセスを通じた施策実施のための財源確保に必要な歳出の抑制（あるいは税収増）や，上院における vote-a-rama の手続を通じて，上下院の法案を一致させて成立させることとなる。

予算関連法案について上下院の一致を図るために，通常の法案審議の際に用いられる両院協議会（conference）を活用することもある。その一方で，最近は両院協議会を設けずに，水面下の調整により両院間の一致・妥協を見出すことが増えている。たとえば，2021 年および 2022 年の国防授権法の成立に際しては，下院が先に法案を本会議で可決したが，上院では法案を本会議で採決することはなかった。

歳出法案は通常は 12 の小委員会で所掌ごとの 12 の法案が個別に審議・成立するが，12 月の会期末に成立が間に合わない場合に，複数の歳出法案を一括して審議・採決することが最近では少なくない。こうした複数の法案を統合し，一括して審議・採択する方式をオムニバス法案と呼ぶ（→第２章６（3）参照）。

(4)　大統領の承認

連邦予算は歳出法案が上下院で可決した後，大統領が署名することで成立することとなる。ただし，大統領が予算の承認を拒否する場合もある。実際，1995 年の連邦政府閉鎖はクリントン大統領が，共和党主導の議会が提示した歳出法案を拒否したからであった。

2018年の連邦政府閉鎖も，議会が可決した予算にトランプ大統領が要求していたメキシコ国境沿いの壁の建設費用が含まれていないと，同大統領が署名を拒否したことによる。大統領による予算案の署名拒否は，大統領と議会指導部との間で調整・妥協を図ることで，解決される。なお，2013年のオバマ大統領当時の連邦政府閉鎖は，大統領の承認拒否によるものではなく，民主党多数の上院と共和党多数の下院の間で，オバマケアを巡る対立が生じ，下院から送付された歳出法案を上院が拒否したことに起因する。

5　債務上限を巡る議論

連邦議会が審議・成立させなければいけないもう一つの重要な予算関連の事項は，連邦政府に認められる債務の上限 debt ceiling/debt limit である。連邦政府の債務上限は法律で定められており，政府がその上限以上に債務を引き受けることはできない。債務の上限に達した場合，連邦政府は各種の支出や国債の償還等を通じた債務の返済ができなくなり，債務不履行（デフォルト）となる。アメリカ財務省発行の国債は，金融市場で最も信用の高い投資先と考えられており，過去にデフォルトになったことは一度もない。もしアメリカの国債がデフォルトした場合には，国際金融市場が混乱することが懸念される。

こうした懸念がある一方で，連邦議会内では共和党議員を中心に，連邦政府が支出を拡大し，財源を手当てするために巨額の国債を発行し続けること（言い換えれば債務の上限を無際限に改訂し続けること）に対する批判が強い。債務上限は実際には，すでに発行している国債の償還等のための財源の手当てという側面が強いものの，議員の中には，将来世代への負担を増加させるべきではないという主張を展開することで，債務上限の見直しに反対する者もいる。

このように債務上限の見直しは，共和党・民主党間の党派対立，あるいは大統領（行政府）と連邦議会との対立の対象として政治化されることが少なくない。とくに議会側が行政府に対して，債務上限の見直しを認める対価として，連邦予算の削減を求めることがある。2023 年 5 月末の債務上限見直しを巡る議論は，まさにこうした構図の下で，バイデン大統領とマッカーシー下院議長との間で協議・妥協が図られた。債務上限の見直しは毎年必ず行われるものではないが，比較的頻繁に生じる。これまで 1960 年代から 2021 年までの間，債務上限は 78 回見直されてきている。債務上限を巡る議会内の対立，あるいは大統領との対立は，いわゆるチキンゲーム（game of chicken）であると言われることが多い。

債務上限の見直しが政治化し，万が一の可能性として米国債がデフォルトするかもしれないという不安は，金融市場にも影響を与えている。実際，2011 年には信用格付け会社Ｓ＆Ｐによって，米国債の AAA（トリプル A）の格付けが AA＋に下落したこともある。連邦議会がアメリカをデフォルトさせたという不名誉は避けたいという議員が大勢であるが，近年の党派対立の厳しい環境において，非妥協的な姿勢を貫くことを重視する立場が見られるのも事実である。そのため，2010 年代以降，債務上限の見直しの時期の審議は，アメリカの内政の動向を知る上でますます注目されるようになっている。

コラム　上院議員席の落書き

驚くべきことに，上院本会議場に置かれている各上院議員の席（正確には机の内側）には議員による落書きがある。上院本会議場の机と椅子は，1812 年の米英戦争により被害を受けた連邦議会内の再建の一環として，1819 年に発注された。1819 年当時連邦を構成していた州は 22 であったが，各州 2 名の上院議員が選出されたことを踏まえて 48 の机と椅子が注文された。この 48 の机は現在も使用されている。

最初の上院会館（ラッセル上院会館）が建設される 1909 年まで，上院議員には個人事務所がなく，議員の多くは本会議場の自分の議席で執務をしていた。そのため，議席には引き出し等もあり，書類や書籍を収納していたという。

20 世紀に入ると，机の引き出し部分にその席に座った上院議員の名前を書き込む習慣が始まった。当初から議員本人が書き込んでいたかははっきりしない。引き出しの底板を交換した際にスタッフが書き直したと思われるものもあるが，最近では議員自身が書くことが多い。

この落書き（署名）に関連して，オハイオ州選出のシェロッド・ブラウン（Sherrod Brown）上院議員が本を出版している。「Desk 88」と題されたこの書籍は，自分の前に同じ座席に座った上院議員の中から 8 名のリベラルな議員を選び，その業績を記しつつ，自分自身の略歴を紹介している。同書によれば，上院議員は当選後に本会議場内の議席を着任順に選ぶことができ，ブラウン議員は議席に書かれた先輩議員の名前を見ながら，直感的にその議席を選んだとのことである。

ブラウン議員の議席に着席した先輩議員で，同書で紹介された 8 名の中で，比較的知られた者としては，ヒューゴー・ブラック議員（Hugo Black. その後連邦最高裁判事に転任），アル・ゴア Sr. 議員（Al Gore Sr. 副大統領となったアル・ゴア上院議員の父親），ウイリアム・プロクスマイヤー議員（William Proxmire. ジェノサイド防止条約の締結を訴え続けたことで知られる→第 5 章 3（6）参照），ロバート・ケネディー議員（Robert Kennedy. ジョン・F・ケネディー大統領の弟。司法長官を務め，1968 年に大統領選挙に出馬するものの同年暗殺）がいる。なお，同議席に座った日系議員のスパーク・マツナガ議員（Spark Matsunaga. →第 4 章コラム参照）は残念ながら紹介されていない。

写真 3-1　上院議員の机（番号 88）引き出しの中の「落書き（署名）」

左上に Black，右下隅に Matsunaga・松永の字が見える。

（出典：上院ウェブサイト）

▣ 第4章
議会の機能・運営・陣容

1　連邦議会の様々な機能

(1)　国政調査・行政監視

congressional investigation and oversight
国政調査・行政監視は，連邦議会が三権分立（アメリカでは check and balance と形容される方が多い）を機能させる上で重要な権限と考えられている。建国の父の一人であるマディソン（James Madison）（第 4 代大統領）の有名な言葉として，「人が皆天使であったら政府（government）はおよそ不要で，天使が人を統治したら政府への監督は不要であるが，まず政府は国民を監督しなければならず，次に自らを監督しなければならない」という趣旨のものがある。これは行政府に対する監督の必要性を指摘したものと考えられている。

ここで重要なのは，アメリカにおいて government あるいは governance という場合，行政府だけを指すものではない点である。広い意味での統治（governance）は行政・立法・司法によって行われると考えられており，また行政府の長（大統領）と連邦議会の多数党が異なる場合に，divided government と呼ぶこともその端的な例である。

合衆国憲法には連邦議会による行政府への国政調査・行政監視の権限は明記されていない。しかしながら，1927 年の連邦最高裁の判例（*McGrain v. Daugherty*）により，合衆国憲法第 1 条第 8 節第 18 項の規定にある「必要かつ適切な」議会の立法権限の範囲で行使できるとされている。この最高裁の判断において，連邦議会が質問する権限（power of inquiry）は議会の立法権限の本質的なものの一部と位置づけられている。

　連邦議会による国政調査・行政監視の権限は，1946 年の立法府再編法（Legislative Reorganization Act of 1946）によって明文で規定された。同法は，議会内の常任委員会の統合再編を行うとともに，議会に行政府の法執行の状況を常時監視する権限を規定した。これにより各常任委員会はその権限の範囲内で，調査を行い，そのために必要な証人の参加を得るために召喚状を発出する根拠を得た。各分野を所掌する委員会とは別に，上下院にはそれぞれ国政調査・行政監視を主たる業務として担う委員会がある。上院では国土安全保障・政府問題委員会であり，下院では監督・説明責任委員会がそれに当たる。

　連邦議会が国政調査・行政監視を行う対象は，立法および実施の側面に限定されず，政治・経済・社会全般に関する事項に至る。経済・社会問題を取り上げ，行政府の対応を質す際には，公聴会を開催することが多い。その際，各省庁の責任者といった行政府の関係者だけでなく，民間企業関係者や学識経験者，NGO 等の関係者にも公聴会を通じて見解を聞くことも少なくない。企業関係者の例では，大手 IT 企業のフェイスブック（現在のメタ）のザッカーバーグ CEO が 2018 年に上院の商業委員会と司法委員会の合同公聴会に呼ばれ，同社のデータ管理の問題について質された。2022 年には，全米大手 7 銀行の CEO が招致され，インフレからウクライナでの戦争，気候変動といった幅広い問題について証言を求められた例もある（日系企業に関連した事例については→第 5 章 4（2）参照）。

　公聴会は，法案の審議だけでなく，国政調査・行政監視全般のために開催され，法律に基づく政策や予算が行政府によって適切に執行されているかが主たる関心事項となる。また，各委員会が所掌する分野，事項に関し，国内・国際的な重要課題，あるいはスキャンダル，犯罪行為等について調査することもある。このように公聴会には，主として立法（legislative），国政監視（oversight），そして調査（investigative）の 3 種類の機能・目的があると言われる。とくに調査を目的とした公聴会の開催においては，各委員会は証人を召喚し，また宣誓の下で証言させることもできる。さらには宣誓供述書を録取し，証言の確保が必要な際には議会の権限による免責（congressional immunity）も付与できる。公聴会はワシントン DC の連邦議会で開催されることが多いが，地方で開催されることもある（公聴会開催の事務的な側面については→第 5 章 4 (2) も参照）。

連邦議会の各委員会が公聴会を開催する際，事前の準備や情報収集のために議会の内外の支援を受けることもある。たとえば，議会調査局（CRS→5 (2) 参照）や議会予算局（CBO→第 3 章 2 (2) 参照）の専門的知見を得たり，政府説明責任局（Government Accountability Office: GAO。米国会計検査院とも訳される）の支援を得ることもある。GAO は，行政府から独立した組織であり，行政の支出の適性を確保するだけでなく，政策の実施状況を調査・評価する機能も担っている。さらに連邦議会は，行政府の各省に置かれている監察部局（Inspector General）の調査結果を踏まえて対応することもある。連邦政府の各省庁に約 70 ある監察部局は，6 か月ごとに議会（およびその組織の長）に活動内容を報告することとされている。こうした組織の知見や調査内容も連邦議会の調査では参照される。

連邦議会による国政調査の中で歴史的に知られているものの一つに，1950 年代のマッカーシー（Joseph R. McCarthy）上院議員が主導したいわゆる「赤狩り」がある。上院の常設調査小委員会（Permanent Subcommittee on Investigations）がアメリカ政府内の共産主義者の浸透を調査する際に，苛烈な調査・糾弾が行われ，多くの政府および民間関係者が職を追われることとなった。このような経緯もあり，同小委員会では，その後は事実に基づいた厳格な調査を行うことが求められ，綿密な調査により様々な問題を指摘していると言われる。その一方で，最近の各委員会での国政調査は，党派対立を反映する傾向が強まっているとも言われている。その時に政権にない政党が，政治的な関心を集めることに主眼を置こうとするとの批判も見られる。

そのほかにも有名な国政調査の例としては，第二次世界大戦後に限っても，ニクソン大統領の辞任につながった 1970 年代のウォーターゲート事件，1980 年代のイラン・コントラ事件，クリントン政権当時の 1990 年代のホワイトウォーター事件，2012 年のリビアのベンガジにあったアメリカ在外公館襲撃事件などがある。最近の例では，下院に設置された 1 月 6 日議会襲撃調査特別委員会がある。これは 2020 年の大統領選挙の結果に不満を持った集団が 2021 年 1 月 6 日に連邦議会を襲撃した事件の事実関係，とくにトランプ前大統領の関与と責任を調査するために開催された。そして 2022 年 12 月に公表した報告書で，襲撃事件においてトランプ前大統領の果たした役割と責任を指摘した。

(2)　政府高官・裁判官・軍人の人事承認

アメリカにおいて，行政府および裁判所の要職の多くは政治任命である。その歴史的な背景には，建国当初から大統領が自らの考えに近い者を政策実施のために行政の職に就かせたことや，選挙後の論功行賞の側面があったことにもよる。裁判官（とくに連邦最高裁の裁判官）についても，合衆国憲法や法令の解釈に関して自らの考えに近い者を職に就ける動きが当初からあった。そもそも建国当初は，行政府の職員の数がきわめて少なかったことも背景にある。それに加え，職能集団としての公務員を出自を問わず試験で選ぶという発想は当初少なく，政権を取った政党・指導者が要職を独占するのは当然という考えも強かった。そのため，アメリカの行政組織の基本的な原則は，試験や資格・能力によって選抜される能力主義（meritocracy）ではなく，求職者が政治的な結びつき等を活用し，大統領や政党から職を配分される猟官制（spoils system）に基づくと言われている。

こうした背景もあり，合衆国憲法においては，上院がチェック・アンド・バランスを確保する観点から，大統領が指名した政府の要職，連邦最高裁をはじめとする裁判所の裁判官，そして軍の幹部の承認を行う旨が規定された。この承認プロセスでは，指名された候補者の職歴・資質・背景等が事前の調査，公聴会での質疑等で質され，最終的には上院本会議での投票で確認される。

連邦政府には，上院の承認対象となる要職が 1200 以上あると言われる。承認の対象となるのは，行政府では各省の長官（Secretary）といった閣僚やその下の副長官，次官，次官補（日本の各省庁での局長に相当）といった幹部職である。各省の外局に相当する組織（たとえば，米国航空宇宙局（NASA）や米国開発援助庁（USAID））の長官（Administrator）や長官補も承認の対象となる。議員と閣僚の兼任はできない。

上院における指名人事の承認は，まず外交委，司法委，軍事委等，それぞれの分野を所掌する委員会において行われ，その後本会議での手続を経て，決定される。大統領による指名が行われた後，各委員会では審議に先立ち，候補の経歴等に関する調査を行う。調査資料の作成は，委員会の職員が行うが，各省幹部についてはその省が必要な情報の相当部分を提出することになる。その準備が整い次第，公聴会が開催される。公聴会は指名された候補自身が出席し，各委員会の委員である上院議員との質疑応答が行われる。質疑時間が限られていることもあり，一部の質問事項は文書で候補に示され，文書で回答する（questions for the record と呼ばれる）。議員は調査で提供された資料と質疑等を踏まえ，候補の資質を判断することとなる。この質疑の際に，議員の多くは関心を持っている特定の政策事項（裁判官については法解釈等）について候補の見解を質すだけでなく，就任後の当該政策の方向性に言質を引き出そうとすることも珍しくない。

公聴会での審議が終わった後，各委員会は，当該候補について好意的に考慮するか否か，あるいは何らの勧告もしない旨判断して本会議に報告する。この報告は委員会の出席議員の過半数で採択される。ときには，上院議員が人事承認と他の政策案件を関連付けて承認を保留（hold）し，本会議での審議・投票を妨害することもある。このような場合，1 名の議員による保留であっても，クローチャーが提起されることは少ない。

委員会から上院本会議に対する報告は重要議案目録（Executive Calendar）に記載され，優先的に審議される（重要議案目録と審議採決→第 2 章 5（3）参照）。報告は，全会一致により討論を経ずに投票に付されることが多い。定例の人事案件（とくに軍幹部の昇任・異動）に関するものは一括（en bloc）して，全会一致で承認まで至ることもある。上院本会議における人事の承認は，基本的に出席議員の単純過半数で決定される。連邦裁判所の裁判官については，2013 年以降の議事規則手続の実質的な運用の変更により，単純過半数で承認できることとなった（「核オプション」の援用→第 2 章 5（3）も参照）。

連邦最高裁の裁判官の人事承認は，司法判断が政治・経済・社会に大きな影響を与えることから，アメリカ社会での関心がきわめて高い。過去には，ニューディール政策実施のための法律を連邦最高裁が違憲と判断する例が相次いだ際，ルーズベルト大統領が連邦最高裁の定員を 9 名から 15 名に拡大する提案（court packing と呼ばれる）を行い，最高裁の構成を自らの政策を進めるために有利に変更しようとした。しかしながら，この提案は，大統領と同じ政党である民主党が多数を占めていた連邦議会においても十分な支持を得られずに終わった。その後も最高裁の構成を拡大しようとする主張は時折現れるが（最高裁が保守化し，2022 年に人工妊娠中絶の判例見直しを行った際にも，リベラル層から同様の提起があった），ルーズベルト以降，大統領から具体的に提案されたことはない。

その一方で，最高裁判事の承認を巡る運用は変更され，2017 年には共和党主導により，保守的なゴーサッチ（Neil Gorsuch）判事の承認に際して，いわゆる核オプション（nuclear option）が用いられた。2013 年に民主党側が最高裁以外の連邦裁判所の判事の承認について 60 票ではなく過半数の賛成で可決できるとの運用が認められたのと同様に，最高裁判事についても過半数の賛成で承認できることとされた。

連邦議会が休会中に大統領が指名を行うこと（recess appointment）は合衆国憲法上認められている（合衆国憲法第 2 条 2 節）。この規定は，本来は議会の休会中に行政の停滞が生じないようにするために置かれたものであったが，多くの大統領によって，議会の承認が難しいと考えられる候補の指名に使われた。こうした大統領による休会中の任命を回避するために，民主党上院院内総務のリード（Harry Reid）議員が編み出したのが，形式的な会期（*pro forma* session）である。この形式的な審議は，議会が休会することを避けるためだけに行われ，議長代行が審議の開始を宣言した後，すぐに中断される。1993 年に司法省が，大統領は議会が 3 日以上休会している際に，休会中指名を行うことができると表明したことに対抗し，*pro forma* session は 3 日を置かずに行われることが多い。

下院が上院を強要する形で，*pro forma* session を開催させることも可能である。これは合衆国憲法第 1 条第 5 節が上下両院は他方の院の同意なしに 3 日以上休会してはならないと規定していることによる（→第 2 章 3（2）参照）。下院側が上院の休会を認めない場合には，上院は *pro forma* session を開かざるを得ない。下院の多数党が大統領の政党と異なる場合には，このように下院側が主導し，大統領による休会中指名を防ぐことができる。

(3)　大統領・各省等への書簡の発出等

連邦議会議員は，関心を持つ問題への行政府の対処を求めるために，所掌する委員会の公聴会等で問題を取り上げる以外にも，様々な手段を講じる。その一つが，大統領や問題を担当する省庁への書簡の発出である。書簡を発出することで，特定の課題の問題点を指摘し，行政府から回答を求めたり，事態への具体的な対応を求めたりすることが多い。こうした書簡を対外的に公表し，議員が具体的な行動をとっていることを示すことで，有権者や支持団体へのアピールとなることもある。また，議員の対応がメディア等に取り上げられることにより，問題に対する世論の関心が高まり，行政府が一定の対応を取ることも期待できる。

国政調査・行政監視の他の方法として，決議案（法案）を提出することにより，特定の問題に関する世論の関心を高める方法もある。前述のとおり，連邦議会では議員が提出する決議（法律）の大多数は委員会で審議もされず，本会議で採択されることも容易ではない。しかしながら，世論の注意・関心を喚起することが主たる目的と考えられる決議案・法案も多く（messaging bill と呼ばれる），それらは議員が提出することをもって，その目的が達成される（messaging bill については→第２章３（1）参照）。

(4)　弾劾決議・裁判

問題のある行政官および裁判官を解任するための弾劾も，上院・下院双方の賛成がない限り成立しない。合衆国憲法第１条第２節は，下院に大統領や他の行政府の高官，裁判官の弾劾を検討する権限を与えている。下院における弾劾は単純過半数で成立し，いずれの議員でも弾劾決議案を提出できる。下院司法委員会において弾劾の条項（articles of impeachment）が審議され，下院本会議で過半数にて可決された場合には，上院に送付される。

上院は，合衆国憲法第1条第3節に従い，弾劾条項に基づき弾劾裁判を行う権限が与えられている。上院では下院議員が検察官役を担い，上院議員が裁判官役を担う。弾劾が成立するためには，上院の出席議員の3分の2の賛成が必要である。なお，大統領の弾劾の場合には最高裁判所の長官が議長（裁判長）を務め，大統領以外の弾劾裁判の際には，上院議長である副大統領または上院仮議長[President *pro tempore*]が長を務める。

公職にある者が弾劾される根拠は，合衆国憲法第2条第4節である。具体的には，反逆，収賄および他の深刻な犯罪（other high Crimes and Misdemeanors）であるが，「他の深刻な犯罪」の定義が明確でなく，その範囲には様々な議論がある。

これまで弾劾の対象となった者は延べ21人に上る（トランプ前大統領は2回弾劾されているので，実際の人数は20名）。その内訳は，大統領が3名（1868年のアンドリュー・ジョンソン[Andrew Johnson]大統領，1999年のクリントン[William J. Clinton]大統領，2020年および2021年のトランプ[Donald J. Trump]大統領），閣僚が1名，最高裁裁判官が1名（弾劾成立せず），下位の連邦裁判所の裁判官が14名，上院議員が1名である。大統領の弾劾は成立せず，ニクソン大統領はウォーターゲート事件の関与で弾劾が不可避な形勢となった時点で自ら辞任した。

(5)　憲法改正

合衆国憲法第5条は，上下院のそれぞれ3分の2が賛成し，各州の4分の3の批准した場合に憲法を改正できる旨規定している。同条は各州の立法府の3分の2以上の求めによって召集される憲法会議（convention）を通じた改正の方法も定めているが，憲法会議が召集されたことはない。留意すべきは，憲法改正はあくまでも連邦議会のみによって行われ，行政府，裁判所が関与する余地がない点である。

これまで合衆国憲法は 27 回改正されているが，最初の 10 回の改正は権利章典（Bill of Rights）を定めるための改正であり，1791 年に一括して各州により批准されている。下院で成立したものの，上院が可決しなかった改正も 7 件ある。

憲法改正は上下院いずれの連邦議会議員によっても提起することができる。ただし，決議は合同決議（joint resolution）の体裁をとる必要があり，両院の 3 分の 2 の賛成を得られた後，各州の批准を得ることとなる（法案と異なり，大統領の署名は不要。合同決議については→第 2 章 3（2）参照。）

最後に合衆国憲法が改正されたのは 1992 年である。憲法修正第 27 条は，憲法第 1 条第 6 節を改正し，連邦議会議員の歳費（給与）の会期中の変更を制限する。同条では，歳費の変更は下院議員選挙まで認めない旨規定しているが，これは議員が自ら給与を変更（増額）することに対する忌避感に基づき，提案されたと言われる。ただし，この修正は 1789 年に提案されたにもかかわらず，各州の批准に時間を要した。そのため，1980 年代に議員の歳費を巡る議論が再燃し，最終的にミシガン州が批准した 1992 年に改正が実現した。提案から改正まで実に 200 年以上（！）を要した。

2　連邦議会の 1 年・1 週間・1 日

連邦議会の 1 会期（回次）は 2 年である。議会は 1 月 3 日の正午に新しい会期（session）が開会される（憲法修正第 20 条第 2 節）。議会は通年で開催されるが，休会となる時期も多い。開会日は上院・下院がそれぞれ決定するため，日によっては上院，下院だけが開催されていることもある。

議会の会期初日は上下院議長の選出と議員の宣誓が行われる。その上で，上下両院でそれぞれの委員会の委員長，少数党筆頭，そして各議員の所属が決定される。

上下院の議長は，それぞれの院の投票によって決定される。議長の選出に当たっては，先に民主党・共和党の総会において候補を決定し，多数党の候補が選出されるのが通例である。時には党内の統制が十分とれないために，1回の投票で議長が選ばれないこともある。過去には1923年のジレット(Frederick Huntington Gillett)下院議長の選出では9回目の投票で決定された例もある。また最近では2023年1月，共和党のマッカーシー(Kevin McCarthy)院内総務が党内の支持とりまとめに苦労し，15回目の投票で議長に選出された。なお，議員の委員会への配置はそれぞれの党の指導部によって決定される（各委員会の委員長の選出等については→第1章3（3）参照)）。

上下院ともに審議が行われない祝日等には，復活祭（例年3月中下旬または4月初旬)，感謝祭（11月の第4木曜日)，そしてクリスマス（12月25日）の前後があり，例年1週間程度休会となる。夏季も8月は議会が開会されることはまずなく，通常レイバーデー（9月の第1月曜日）までは休会となる。そのほかにも，マーチン・ルーサー・キングJrデー（1月の第3月曜日)，プレジデンツ・デー（2月の第3月曜日。本来は初代大統領ワシントンの生誕日の2月22日を祝っていた）の週，メモリアルデー（5月最終週の月曜日）の前後，独立記念日（7月4日）の週，コロンバスデー（10月第2週の月曜日）の週も休会となることが多い。

(1)　議会の１会期と１年

連邦議会において日程が一番重要な意味を持つのは，会期末までに法案が成立せずに廃案となるときである。法案は会期を超えて審議されることはなく，会期が終了した際には再度提出する必要がある。

まぎらわしいのは，議会の「会期」と，個別の委員会・本会議での「審議」が同一の session という用語で説明される点である。2年の会期が終了した際には，法案は廃案となる。その一方で，単に下院議長，上院院内総務が夏季や年末の休暇等の理由により審議の中断を表明した場合，議会は休会(recess)となる。ただし，後述する通り，休会にも休暇のための１週間単位の審議の中断と，同じ週や同じ日の中での審議の中断という二つの側面がある。

また，連邦議会の審議の終了(adjourn)と休会(recess)も区別が必要である。議会会期が２年の会期を経て年末に終了するのは adjournment *sine die* と呼ばれ，法案の廃案等の影響が生じるが，adjourn は単純に委員会・本会議の審議の終了（散会に近い）意味でも用いられる。そのように審議が終了した場合には，recess として次回の審議までの中断となる。

審議の終了と休会の違いが意味を持つのは，とくに上院において暦日と立法における１日が異なるためである。暦日（calendar day）は 24 時間で１日であるが，立法の１日（legislative calendar）は審議が終了しない限り，「翌日」とならない。審議が終了(adjourn)し，翌立法日となった際には，上院議事手続規則（Ⅳ，Ⅶ，Ⅷ）に基づき，実質的な審議を開始する前に長時間を要する手続事項（報告聴取等）を処理しなければならない。通常はこの手続の大半を，多数党の上院院内総務は全会一致を多用することで迅速に済ませようとする。しかしながら，決議や法案の内容を巡り対立がある場合には，全会一致が成立しない可能性もあり，さらに時間を費消するおそれがある。そういった事態を避けるために，審議の終了(adjourn)ではなく，休会(recess)を宣言することで，立法日は翌日にならないままの形で済ませる方法をとる（この点では，実質的な意味としては「中断」に近い）。そのため，ときには1立法日が1月から6月までの数か月にわたるという例も過去にあった。

連邦議会の1年を俯瞰すると，歳出予算をめぐる審議日程が一定の節目を作っていることが理解される。まず，2月に大統領による一般教書演説と予算教書の提出により，行政府の優先事項が明確にされる。その後予算面では授権法（authorization bills）が各委員会から本会議に提出される。これは各委員会に所属する議員が，歳出委員会が提出する歳出法（appropriation bills）よりも先に，議会としての重要事項を示そうとするためと言える（ただし，予算成立のために授権法の成立は必須ではない→第3章3（1）参照）。

連邦予算の成立に必要な歳出法案が，予算年度が開始する10月1日までに成立することは少ないが，歳出法案の成立が遅くなればなるほど，継続予算決議（いわゆる「つなぎ予算」）を成立させる負担が重くなり，連邦政府閉鎖のリスクも高まる。そのため，10月以降の歳出法案の審議と採決に向けては，議会内の緊張が高まることになる。

(2)　連邦議会の1週間

連邦議会の一週間は通常月曜日から金曜日であるが，上院の場合，月曜日の審議が始まるのは午後（5時30分以降の場合が多い）である。下院も午後6時に開始されることが多い。それぞれの審議では，論争の少ない手続的事項や簡便に採決できると考えられる決議案（法案）の票決(roll call)で始まる。この投票は議員がワシントンDCに戻っているかを確認するという趣旨で，bed-check vote とも呼ばれる。審議の開始時間が遅いのは週末に議員が全米各地の地元州に戻っていることが多いため，その移動時間を考慮したためといわれる。

上下院議員ともに週末に地元に戻る用務が多いことから，金曜日には審議が行われないことも多い。ただし，重要な法案の審議が佳境を迎えたり，夏季やクリスマス等の長期の休会を間近に控える場合には，金曜日あるいは週末も審議・採決を行うこともある。指導部が金曜日や週末の審議・採決の可能性を公言することは，合意や妥協の成立に向けた，各議員への圧力が高まることも意味する。

下院は議事進行に多数党の意向が強く反映されることから，委員会や本会議での審議では，多数党が審議・投票日程を決め，1 週間の間に迅速に進むことが多い。これに対して上院では，全会一致や 60 票の賛成が得られない場合に審議が進まず，合意形成により時間がかかることから，1 週間で議事が進まないことが多い。さらに，上院では議事日程に取り上げられている案件は，重要議案目録（Executive Calendar）に挙げられる決議案のように討論時間に制約等がない限り，討論の打ち切り（クローチャー）の動議も出せないことから，新たな決議案等を審議することも容易でない。そのため，どの決議案（法案）をどの順番で審議日程に載せるかが，限られた連邦議会の会期日程の中でさらに重要となる。

(3)　連邦議会の 1 日

上院では，月曜日に bed-check vote が行われた後，火曜日に morning business と呼ばれる，各議員が自由に討論をできる時間が 1 時間取られている。議員は上院本会議場において，決議案（法案）に限らず，時事問題等何を取り上げても良いとされている。その自由討論の後，通常の議題が取り上げられ，討論・採決等が行われる。1日の終わりには通常，翌日（あるいは次回日程）における議題が予め合意されることが多い。次回の議題や日程に合意できない場合は，審議が順調に進んでいないことが多く，両党の指導部の間で様々な調整が必要となる。

下院において，上院の morning business に相当する自由な討論時間は special orders と呼ばれる。上院が午前中に行うのに対して，下院では1日の審議が終わった後に行うことができるが，これは予め希望する議員が指導部に要請しておかなければならない。special orders の可否を決定するのは下院議長である。上院は討論時間に制限がなく，上院議員が発言する時間が比較的自由にとれるのに対し，下院本会議での質疑時間は多くないことから，下院議員にとって special orders で確保できる時間は貴重である。発言時間は最長60分とされているが，多くの議員は発言時間を5分以内に留めている。

上院では火曜日に民主・共和各党別の昼食会が開催され，決議案（法案）の提出や審議の優先順位等につき意見交換が行われる。その後は両党間の議論の応酬となるが，火曜日の午後以降に，その週の審議がどの程度進みそうか，おおむねの感触が得られると言われている。決議案（法案）の審議が順調に進んでいる場合，水曜日に調整の佳境を迎えることが多い。公聴会も水曜日に設定されることが多く，週内に決議案（法案）を投票に付したい場合には，水曜日までにクローチャー（討論の打ち切りを提起する動議）を提起することになる。木曜日には決議（法案）の成否は明らかになっていることが想定される（あるいはそれまでに調整を経ていなければならない）。同日中に投票ができれば，上院議員の多くは金曜日には地元に戻ることになる。それまでに妥協が成立していない場合には，翌週に持ち越されることになる。あるいは，妥協が間近であったり，予算が成立せず連邦政府が閉鎖するような危機的な状態の場合には，週末を含めて審議が続くこともある。

上院の指導部は，法案審議の日程（立法議案目録 Legislative Calendar）と予算・人事承認等の優先的な日程（重要議案目録 Executive Calendar）の両者をにらみつつ，本会議にて審議（討論），投票・可決ができそうなものを組み合わせながら，会期の日程を進めていくことになる。

下院では多数党側が議事日程を決めることができるため，審議・投票の時間設定も，党内の意見が一致している限り，比較的に円滑に決定できる。そのため週の初めに下院議長（あるいは党の指導部）が表明した方針は実現する傾向にある。これに対して上院は審議・投票時間の予定が立てにくく，投票が深夜に及ぶことも珍しくない。その背景には，上院に討論時間に制約がないことや，投票に先立ち大量の修正提案を採決する場合（vote-a-rama→第3章3（2）参照。），あるいは討論時間を制限しつつも，修正提案の否決も含め一気に法案成立のために投票を行う場合も挙げられる。こうした深夜におよぶ投票に際しては，上院議員は少数のスタッフを残して，議員事務所内に半ば泊まり込み，投票が必要な時に本会議場に移動する，あるいは本会議場近辺に居残ることもある（連邦議会では，発声投票の場合等を除き，投票時に全議員が本会議場にいる必要はない→第2章4（3）参照）。

3　議会の構造と周辺

(1)　議 事 堂

連邦議会議事堂の建設は1793年に始まった。1807年までに一旦北棟と南棟が完成したが，1812年からの米英戦争の際に大半が焼失した。その再建後，現在の議事堂の中央に当たる部分が完成し

図 4-1　連邦議事堂 2 階（主要階）の図面

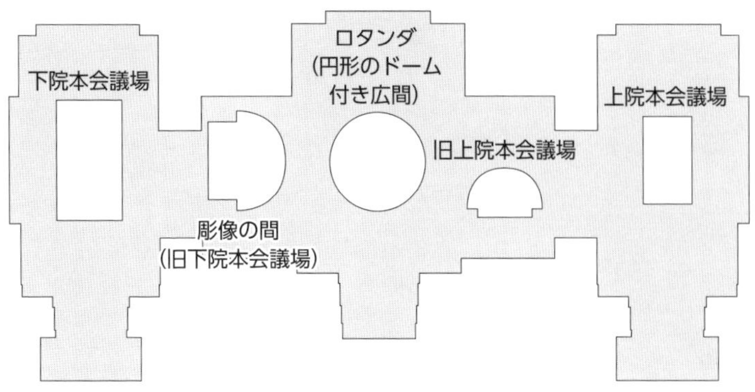

写真 4-1
（左から）議会中央にあるロタンダの天井，ロタンダ，彫像の間（旧下院本会議場）

たのは 1826 年である。その後の議員数の増大に伴い，1850 年以降大幅な改築が行われた。両翼部分が拡張されるとともに，中央のドームも増改築され，地下部分にあるビジターセンターも含めた現在の形になったのは 2008 年である（→図 4-1 参照）。

ホワイトハウス側（西側）から見て，正面右手（南側）が下院，

図 4-2　連邦議会議事堂と上院・下院会館の位置

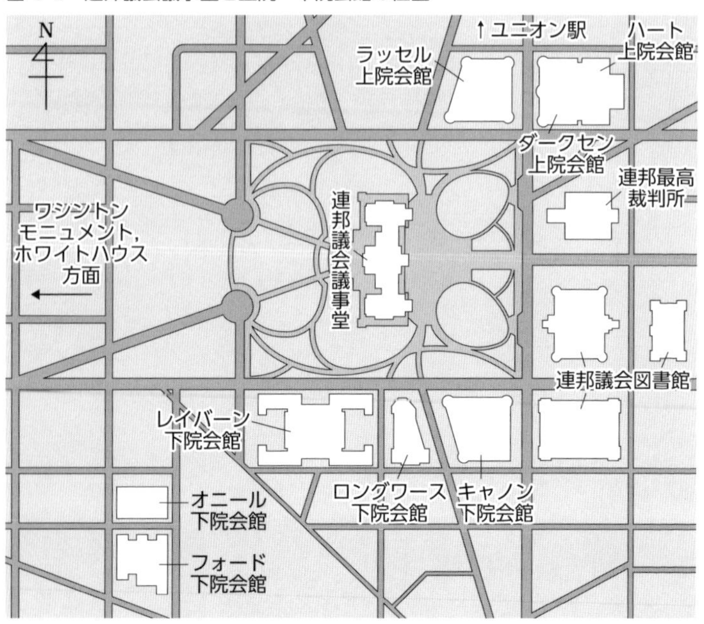

左手（北側）が上院に当たる（→図 4-2 参照）。

(2)　上院・下院会館

議事堂の両隣りには上院・下院の議員の事務所および各委員会の公聴会や審議を行う委員会室がある会館がある。これらの会館は地下通路で議事堂とつながっている（議事堂と上院会館・下院会館を結ぶ地下鉄については→第 2 章写真 2-2 参照）。

議事堂の南側にレイバーン，ロングワース，キャノンという下院会館がある。これ以外にもオニール，フォード下院会館があり，下院は 5 の会館で構成される。下院議員の事務所はレイバーン，ロングワース，キャノンにあり，オニール，フォード下院会館には議員事務所はなく，各委員会関連の会議室・議員補佐官の執務室がある。議事堂の北側にラッセル，ダークセン，ハート上院会館がある（→図 4-2 参照）。これらの下院・上院の会館の名称は，それぞれ功績のあった下院・上院議員の名前を冠したものである。

上院・下院会館の特徴の一つに，各院の委員会室等が置かれていることがある（日本では議員の個人事務所がある議員会館と衆議院・参議院の委員会室がある建物は別の敷地にある）。連邦議会議事堂の中には，上院外交委員会等の一部の例外を除き委員会室はなく，各会館の委員会室の向かいや隣に議員個人の事務所が並んでいる。

4　議員の出身背景・活動の特徴

(1)　連邦議会議員の経歴・背景

連邦議会議員の出身背景は様々である。大別すれば，①政党の職員や上院・下院議員の補佐官・地元事務所のスタッフを経て議員になる例，②州議会議員から上院・下院選挙に出馬する例（あるいは下院議員から上院議員に転身する例），③ビジネス・法曹界（主に弁護士）からの転身，④軍を退役した後（多くの場合は短期間なりともビジネス，法律事務所，NGO 等での勤務を経て）議員に転身する例などである。第 117 議会における議員の職歴は，議会調査局（CRS）の報告書によれば，公共政策・政治，ビジネス，法曹，教育分野が多いとされる。下院・上院議員の内訳については（重複回答あり），公共政策・政治（下院 297 名，上院 64 名），ビジネス（下院 273 名，上院 47 名），法曹（下院 173 名，上院 57 名），教育（下院 85 名，上院 28 名）となる。議員の 9 割以上が大学卒以上の学歴を有している。

表 4-1　連邦議会議員の平均年齢（議会開始時）

議会会期	下院議員	新人議員	上　院	新人議員
117 議会	58.4 歳	50.6 歳	64.3 歳	56.1 歳
116 議会	57.6 歳	47.9 歳	62.9 歳	58.1 歳
115 議会	57.8 歳	50.8 歳	61.8 歳	54.8 歳
114 議会	57.0 歳	52.3 歳	61.0 歳	50.7 歳

（出典；議会調査局報告書 CRS Report R46705 を基に筆者作成）

(2)　議員の年齢

連邦議会議員の平均年齢は上院が下院よりも高く，これは上院議員の年齢要件が下院より高いことも影響していると考えられる（→表 4-1 参照）。歴代の最年少の下院議員はウィリアム・チャールズ・コール・クレイボーン（William Charles Cole Claiborne）（後の初代ルイジアナ州知事）であり，1797 年に 22 歳でテネシーから選出された。クレイボーンは合衆国憲法上の年齢制限（25 歳以上）を満たしていなかったが，おおらかな時代であったのか，議会は最終的に就任を認めた（25 歳未満で選出された議員は，他にも 19 世紀に複数存在する）。20 世紀以降では 1965 年にオクラホマ 6 区から選出されたジェッド・ジョンソン Jr（Jed Johnson Jr.）議員が 25 歳 7 日で就任した。上院議員の最年少はジョン・イートン（John Eaton）議員（テネシー選出）であり，就任した際には 28 歳 4 か月 9 日であったと言われる。1934 年にウエストバージニア選出のラッシュ・ホルト（Rush Holt (Sr.)）議員が 29 歳で選出され，30 歳の誕生日を迎えた 1935 年 6 月に就任したのが，上院が一般投票で選出されるようになって以降の最年少の議員である。第二次世界大戦以降では，現在の大統領のジョー・バイデン Jr.（Joe Biden Jr.）議員が 30 歳 1 か月 14 日で就任した。

上院下院ともに，議員の年齢や再選に上限はなく，30 年，40 年在職する議員も珍しくない。歴代の最年長は，下院ではテキサス

表 4-2　連邦議会議員の平均在職年数

議会会期	下　院	上　院
117 議会	8.9 年（4.5 期）	11.0 年（1.8 期）
116 議会	8.6 年（4.3 期）	10.1 年（1.7 期）
115 議会	9.4 年（4.4 期）	10.1 年（1.7 期）
114 議会	8.8 年（4.4 期）	9.7 年（1.6 期）
113 議会	9.1 年（4.6 期）	10.2 年（1.7 期）

（出典；議会調査局報告書 CRS Report R46705 を基に筆者作成）

選出のラルフ・ホール（Ralph Hall）議員であり，2015 年に引退した際は 91 歳であった。上院ではサウスカロライナ選出のストロム・サーモンド（Strom Thurmond）議員が 100 歳まで現役で務めた。

(3)　女性議員の登場と活躍

連邦議会に初めて選出された女性は，モンタナ州選出のジャネット・ラスキン（Jeanette Rankin）下院議員である。同議員は全米で女性に投票権が認められる前の 1917 年に選出され，女性参政権が認められた 1920 年以降，女性議員は選出され続けている。女性初の上院議員は 1922 年にジョージアから選出されたレベッカ・ラティマー・フェルトン（Rebecca Latimer Felton）議員である（女性の政治参加の歴史的経緯は，→第 7 章 2（4）にて詳述）。

2023 年からの第 118 議会における女性議員の割合は 28% であり，下院には 129 名（代議員 3 名，プエルトリコ常駐代表 1 名を含む），上院には 25 名の議員がいる。

(4)　再選と在任歴

議員の最大の仕事は再選されることと言われる（揶揄される）こ

ともあるが，アメリカでもそれは多分に当てはまる。上院議員は任期が 6 年であることから，一定程度身分に安定性があるが，下院議員の場合は 2 年毎に選挙があり，有権者の数も少ないため，再選に向けた努力は上院よりも必要となる。アメリカの場合は，現職の議員であっても党内の予備選を勝ち抜かなければならず，議員は絶えず挑戦を受けるといっても過言ではない（議員の平均在職年数→表 4-2 参照）。そのため，地元有権者との接点は，有権者の希望を聞き，立法や政策の参考にするためだけでなく，再選に向けた支持を得るためにも不可欠である。したがって，上院議員も下院議員も，ワシントン DC で議会の審議がない日はすぐに地元に戻ることが多い。一般に連邦議会においては，選挙において現職が優位とされるが（現職の再選率は上院下院も 8 割以上とされる），それでも予備選，本選で挑戦者が勝利することは珍しくない。下院議員は当選回数が 3，4 回を過ぎると議席が安定するとも言われるが，区割り等で有利でない限り，常に安泰とは限らない。当選回数が少ない下院議員はワシントン DC に住居を構えることはせず，家族も地元に残したまま，ホテルや議員事務所で寝泊まりすることも珍しくない。

(5)　コーカスの機能と役割

連邦議会議員の重要な役割は，自ら法案を提出し，予算・法案を審議し，成立させることであるが，それぞれが重視する政治・経済・社会課題を前進させるために，関心を共有する議員でコーカス(caucus)を構成することが多い。コーカスは，日本の議員連盟に近いものであるが，その形態・活動は様々である。コーカスは，正式には「議会議員およびスタッフの組織」(Congressional Member and Staff Organizations)と呼ばれるが，活動目的は個別の政策，産業推進，人種別・少数者の権利擁護，他国との友好関係増進等など多岐に及ぶ。名称もコーカスであるとは限らず，連合(coalition)，タスクフォース，ワーキンググループ等様々である。また，民主党，共和党それぞれの党の内部で構成されたり，超党派で構成されるものもある。コーカスに上院議員が共同議長等の役割で参加することもあるが，大半は下院議員によるものである。

具体的には以下のようなものに大別できる。

① 政策・イデオロギーに基づくもの　民主党のプログレッシブコーカス，民主党の親ビジネス穏健派の New Democratic Coalition，民主党の財政均衡・保守派の Blue Dog Coalition，共和党保守派のフリーダムコーカス等。

② 産業の振興・保護・規制を推進するもの　Aluminum Caucus, Auto Caucus, Beef Caucus, Digital Trade Caucus, Dairy Caucus, Energy Export Caucus, Intellectual Property Promotion and Privacy Prevention Caucus, Submarine Caucus, Sugar Caucus 等

③ 安全保障・経済・社会・医療等の課題解決を目指すもの　Army Caucus, Bipartisan Task Force for Combating Anti-Semitism，Cybersecurity Caucus，Conservative Climate Caucus，Hepatitis Caucus，Mental Health Caucus, Offshore Wind Caucus，Pro-Choice Caucus，Single Parents Caucus，Nuclear Weapons and Arms Control Working Group，SALT Caucus, Special Operation Forces Caucus，Supply Chain Caucus，Telehealth Caucus 等

④ 人種・エスニシティー等に基づく権利擁護を目的とするもの　Congressional Black Caucus for African-Americans, Congressional Hispanic Caucus（民主党。共和党は Congressional Hispanic Conference），Congressional Asian Pacific American Caucus（CAPAC。メンバーは実質的に民主党）。

Congressional LGBT＋Equality Caucus 等。

⑤　特定の国や地域との友好関係増進を目指すもの　　各国との関係強化を目的とし，ほとんどは超党派。有名なものとしては，Congressional Taiwan Caucus があり，アメリカと外交関係を持たない台湾が，行政府ではなく連邦議会を通じて，アメリカとの関係強化を図るために活用している。日米関係の増進を図るコーカスとしては，US-Japan Caucus（米日コーカス）がある。また，コーカスとは性格を少し異なるものの，議員による各国との交流促進のための団体として議会研究グループがあり，Congressional Study Group on Japan（議会日本研究グループ）等が存在する。

コーカスは森羅万象について設けられているとよく言われ，その数は 300 以上に及ぶ。いずれの活動も真面目なものであるが，Bourbon Caucus，Beer Caucus，Baseball Caucus，Candy Caucus，Zoo Caucus（正式名称は Congressional Zoo and Aquarium Caucus）など，一見すると同好会のような名称のコーカスもあり，議会関係者の間でもよく話題にされる。

5　連邦議会を支えるスタッフ

連邦議会議員は法案を提出し，予算を策定するなど，多くの国の行政府が行う業務を独占的に担っている。そのため，政策・法案策定作業を実質的に担当するスタッフの存在が不可欠である。上下両院の議員の個人事務所に勤務するスタッフだけでなく，両党の指導部付きのスタッフ，各委員会で働くスタッフも含め，約 1 万 5000 人のスタッフ（補佐官）が雇用されている。これらのスタッフが，行政府が担わない立法・予算を通じた政策形成業務を行っている

（議会スタッフ拡充の経緯は→第７章３（3）参照）。日本でイメージする議員付きの秘書というよりも，行政府と不即不離で実務に従事する広義の統治（governance）を担う専門職員と考える方が実情に即している。こうした連邦議会のスタッフは，行政府やシンクタンク，民間企業との間で転職することも珍しくない。各省で政策を担っていた職員が議員スタッフになることも多く，場所を変えて政策の立案や立法を行っていると見ることもできる。

(1)　議員スタッフ

連邦議会の議員を支えるスタッフ（補佐官）は，下院で約 9000 名，上院に約 6000 名いる。その中には議員事務所で務める補佐官とは別に，各委員会や議会事務局で働く職員もいる。補佐官の平均年齢は 30 代前半と若く，平均勤続年数も 10 年程度と長くなく，回転の早い職種とも言える。アメリカは人種が多様な社会と言われるが，議会スタッフの過半数（7 割近く）が白人であり，多様性に課題があると言われることもある。

下院議員が雇用できるスタッフの人数は 18 名が上限とされており，実際の平均は 15 名程度といわれる。事務所の運営形態は議員毎に異なるが，ワシントン DC の事務所に 8 名程度，地元事務所に 7 名程度を配置するのが平均的である。上院議員には雇用するスタッフの数の上限はないが，事務所に約 40 名のスタッフを置いている。ワシントン DC と地元の州の事務所に配置するスタッフの数も，議員によって異なるが，平均すると半分ずつが多い。

上院と下院では，議員数が異なることもあり，個々の議員が手がける分野も異なる。一見すると議員数の少ない上院議員の方が幅広い分野に精通しているようにも思われるが，実際には上院議員は，特定の分野により時間と労力を割き，影響力を行使することが多い。

下院は議員の数が多い一方でスタッフ数が少ないことから，限られたスタッフで広範な分野を担当しなければならない。そのため，上院と下院のスタッフの所掌と専門性を「下院は薄く広く，上院は狭く深く（The House is a mile wide and an inch deep. The Senate is an inch wide and a mile deep）」と形容することもある。

議員事務所では，議員の右腕となる首席補佐官（Chief of Staff）のほかに，外交・安全保障，軍事，貿易投資，医療・福祉等の個別の政策分野を担当する補佐官（advisor/assistant），立法事務全般を担当する補佐官（Legislative Director）や日程管理秘書（scheduler）が通常置かれている。また，上院議員事務所では法律事項を全般的に対応する法律顧問（general counsel）等を置くことが多い。地元事務所には，責任者である地元事務所長（District Director/State Director）や地元有権者の意見や要望を聞き，対応する職員（caseworker）等がいる。それ以外にも，各省庁や軍から１年程度の期間で出向しているフェロー（fellow）や，学生・大学院生のインターンなども働いている。インターンは議員の地元の州や選挙区の出身であったり，ワシントンDC 近郊の大学生であることが多い。

首席補佐官や各分野・立法を担当する補佐官は，議員の海外訪問に同行することもあるが，補佐官のみで派遣団を構成して，国内外に政策や情勢把握のために出張することも多い。とくに外交・安全保障，軍事，貿易投資問題を担当する補佐官の海外出張は頻繁にある。貿易や気候変動交渉の場に出向き，交渉に臨む行政府関係者と意見交換を行うなど，現場で行政監視のようなことも行う。

議会内には各議員の事務所に勤めるスタッフとは別に，上下院の指導部に雇用されるスタッフも多数存在する。下院議長や上下院の院内総務，院内幹事は院内・党内を運営するための事務を行うスタッフが必要であることから，通常の議員事務所より数多くのスタッフを雇用している。指導部のポストにある議員は，議事堂内にオフィスを構え，重要法案に関する会派の議員への連絡や投票への働きかけだけでなく，国内外の出張に向けた他の議員との調整等の様々な業務を担っていることから，スタッフの規模は個々の議員よりもはるかに大きい。

(2)　連邦議会職員

各議員事務所で働くスタッフのほかにも，上下院の各委員会に雇用されているスタッフも少なくない。これらのスタッフは，議員の個人事務所で働いていた者が，議員の委員長（小委員長または筆頭）ポスト就任に伴い，その在任期間移籍する場合が多い。委員長等の職責を務めるために必要な事務も広範にわたることから，別途採用される者も少なくない。委員長は職権で委員会付きのスタッフを雇用できる一方，選挙によって多数党が変わった場合には，委員会付きのスタッフにも相当な変更が生じることになる。委員会付きのスタッフも，多数党・少数党それぞれが雇うため，スタッフにも党派性が生じるのも連邦議会の特徴である。

議会調査局（Congressional Research Service：CRS）と呼ばれる連邦議会の調査業務を担う機関も，議員の立法・政策立案作業を支援する。CRS は 700 名近いスタッフを擁する実質的にはシンクタンクのような存在である。個別の議員からの日常的な照会に対応するだけでなく，個別の政策事項に関する調書（CRS Report と呼ばれる）を作成する。調書の一部は議員向けのため一般には公開されないが，公表される多くの調書は党派色のない中立的な内容として，学術面でも評価されている。CRS は，教育・福祉・金融等の内政事項だけでなく，外交・安全保障面では，日本，アジア，欧州等の地域別の調査研究も行っている。連邦議会の先例や手続に関する調査も広範に行っており，信頼のおける機関として評価されている（本書の記述の多くも，CRS Report を参照している）。

6　議会を巡る利害関係者

議員および委員会に所属するスタッフ以外に，連邦議会の外部からその活動に関与する関係者（ステークホルダー）も数多く存在する。

(1)　省庁・団体の渉外部門

まず，行政府の関係省庁である。各省庁には議会担当（legislative affairs）の部門が置かれており，各議員，委員会への説明や公聴会への対応等を担っている（→第 2 章 7 (1) 参照）。また，民間企業や産業界の業界団体もそれぞれ渉外政策部門（government affairs）を持っていることが多く，関心の高い政策分野や立法課題につき，連邦議会に対して自らの立場を説明している。同様のことが，教育・福祉・労働問題に深くかかわる NGO 等の市民社会についても言える。

(2)　ロビイスト

日本でもロビイスト（lobbyist）の存在は知られているが，連邦議会に対するロビー活動（lobbying）も連邦議会の立法活動に大きな影響を及ぼす。ロビイング，ロビイストという用語の起源としては，ワシントン DC のホワイトハウスのそばにあるウィラード・ホテルにグラント大統領（Ulysses S. Grant）(1869-77 年。南北戦争中の北軍の司令官としても知られる）が好んで訪れたため，大統領に働きかけようとする者達がロビーに顧客の依頼を受けて集まったという挿話がよく紹介される。実際には，議会制民主主義のイギリスにおいても，議会のロビーで働きかけをするという用語はそれよりも前に存在した模様であり，19 世紀初頭のアメリカでも，ロビイング，ロビイストという表現は使われていた。

ロビイストは，業務の一定割合の時間を議会関係者に対して具体的な働きかけをする者であれば，法律に基づく登録が義務付けられている。また，働きかけを行った相手を報告・開示する義務も負う。ただし，ロビイングは専業の会社・団体が独占的に行っている，あるいは会社・団体の全員がロビイスト登録をしている訳ではない。大企業であれば，一部の社員がロビイスト登録をして，議会へ働きかけを行うことも珍しくない。中小企業は人員やノウハウに制約があるため，専門の会社や個人とロビイングの契約をすることもある。ロビイストは連邦議会における立法・予算手続に精通していることが期待されるため，議会スタッフの転職先となる例も多い。ワシントン DC にはロビイングを手がける会社が 2000 社以上あると言われ，市内のビジネス街の「K ストリート」は，ロビイング会社の代名詞ともなっている。

ロビイストというと，ともすると不当に影響力を行使する団体であるという見方もされがちであるが，複雑な連邦議会（そして行政府）における立法・意思決定過程を理解し，企業・団体による議員・スタッフへの働きかけを支援するという意味で重要な役割を果たしている。ワシントン DC で有力なロビイストやロビイングを行う企業は，製薬，金融，国防分野等に多いが，あらゆる業種の企業・団体がロビイングを行うといっても過言ではない。労働組合，教員団体，福祉関連企業・団体，地方自治体もロビイストを雇用し，最新の立法動向を把握したり，問題に関心を持つ議員との接点を設けたりする。各州や自治体がロビイストと契約し，連邦議会関係者に対し，自らの関心事項や懸念を伝えることもある。

コラム　日系アメリカ人議員の活躍

連邦議会は米国内の様々な社会背景や人種を体現する議員が選出されているが，その中でも日系アメリカ人の活躍は特筆に値する。アメリカの人口は 2020 年 4 月 1 日現在で約 3 億 3000 万人と言われており，日系アメリカ人の人口は 2016～2020 年の推計値で約 76 万 8000 人とされ，必ずしも多くはない（アジア系人口で最大は中国（台湾を除く）とインドでそれぞれ 410 万人あまりとされる）。最初のアジア系アメリカ人の連邦議会での選出が 1957 年のカリフォルニアのダリプ・シン・ソンド（Dalip Singh Saund）議員であったことを考えると，1959 年以降続々と選出された日系アメリカ人の台頭は目覚ましい。日系アメリカ人の政界での活躍は，第二次世界大戦中の収容という差別や偏見，社会の不条理を克服しようとする強い意欲に根差したものとも言え，公民権運動，日系アメリカ人の収容を巡る補償，マイノリティーの権利擁護等，幅広い分野で活躍している。以下に歴代議員の一部を紹介する。

・ダニエル・イノウエ（Daniel Inouye）上院議員　1924-2012 年（下院在職 1959-1963 年，上院在職 1963-2012 年）。ハワイ生まれ。日系アメリカ人初の連邦議会議員。第二次世界大戦時の欧州戦線に日系人部隊第 442 連隊の一員として従軍し，右下腕を失う重傷を負う。1963 年に上院にハワイより選出。ウォーターゲート事件の公聴会で全米の注目を集める。2010 年には上院仮議長（President *pro tempore*）も務め，大統領承継順位 3 位に至った。逝去の後，オバマ大統領から 2013 年に自由勲章（Presidential Medal of Freedom）を受章。1999 年には勲一等旭日大綬章を受章。

・パッツィー・ミンク（Patsy Mink。旧姓Takemoto）下院議員　1927-2002 年（下院在職 1965-77 年，1990-2002 年）。ハワイ生まれ。初のハワイ選出の女性議員であり，有色人種初の女性下院議員。教育における性差別の禁止を規定した 1972 年のいわゆる「Title IX」の採択に主要な役割を果たした。

・スパーク・マツナガ（Spark Matsunaga）上院議員　1916-1990 年（下院在職 1963-1977 年，上院在職 1977-1990 年）。ハワイ生まれ。第二次世界大戦で日系人部隊第 442 連隊の一員として北アフリカ，欧州に従軍。その後日本語の語学能力を生かし，陸軍情報部（Military Intelligence Service）にて勤務。その後，下院議員を経て，上院議員に。日系アメリカ人の収容に対する謝罪と補償を実現した 1988 年の市民的自由法（Civil

Liberties Act of 1988）の成立に貢献。ワシントン DC 近郊のメリーランド州には同議員の名前を冠した，Spark Matsunaga Elementary School（小学校）がある。

・ノーマン・ミネタ（Norman Mineta）下院議員　1931-2022 年（下院在職 1975-1995 年）。カリフォルニア州サンノゼ（San Jose）生まれ。第二次世界大戦中は，ワイオミング州のハートマウンテン収容所に収容された。サンノゼ市長を経て下院議員に。下院公共事業・運輸委員会委員長も務める。クリントン政権で商務長官を務め，民主党員にもかかわらず，共和党のブッシュ政権において運輸長官を務め，9.11 同時多発テロ事件も対処した。2006 年に大統領自由勲章，2007 年に旭日大綬章を受章。

・メイジー・ヒロノ（Mazie Hirono）上院議員　1947 年福島生まれ。7 歳の時に母と共に米国に移住。ハワイ州副知事を経て，2007 年から 13 年まで下院議員を務め，2013 年から上院議員を務める。外国生まれの上院議員，初の仏教徒の上院議員としても知られる。リベラルな主張で社会保障制度の擁護等を主張。2021 年に旭日重光章を受章。

・ドリス・マツイ（Doris Matsui）下院議員　1944 年アリゾナ州のポストン収容所で生まれる。クリントン大統領の政権移行チームに参画した後，大統領次席補佐官（渉外担当）に就任。2005 年に下院議員にカリフォルニア州から選出。社会保障，インフラ整備，気候変動問題等に熱心。

・マーク・タカノ（Mark Takano）下院議員　1960 年カリフォルニア生まれ。高校教員として英語を教えたのち，2013 年から下院議員を務める。有色人種で初めて同性愛者であることを公表。退役軍人委員会委員長を務める。日米関係の増進にも熱心で，日米友好基金（Japan-US Friendship Commission）の委員も務める。

・ジル・トクダ（Jill Tokuda）下院議員　1976 年ハワイ生まれの日系 4 世。2022 年の中間選挙で初当選。それまではハワイ州議会上院議員を務める。

■ 第5章 対外関係への議会の関与

1　はじめに――連邦議会が各国・企業・個人に及ぼす影響

アメリカの外交政策は一義的には大統領・行政府が策定すると考えられているが，立法府である連邦議会も重要な役割を果たす。前章でも見たとおり，アメリカの行政府には法律・予算の策定権限はなく，大統領・行政府ができるのは，重要視する政策や予算の提案に限られる。行政府は大統領令（Executive Order）を通じて具体的な施策も実施できるが，その前提として法律・予算に基づく権限が必要となる。そのため現実には，行政府が外交政策の企画・立案を行いつつも，外交政策に関係する法律・予算の策定，審議に際しては，上下院議員および議会スタッフと行政府の関係者との間で調整・連携が行われる。アメリカは，他の国と比較しても議会の外交への関与が強いといえる。

フランスの政治思想家のトクヴィル（Alexis de Tocqueville）が，名著「アメリカのデモクラシー（Democracy in America)」において，「大統領の行政権限は常に嫉妬に基づく監視の下にあり，大統領は条約を作ることができるが，締結はできない。公職に就く者を指名はできるが，任命はできない」と指摘しているように，行政府は，国際交渉を通じて条約を策定はできるが，締結する権限に制約がある。大統領は各国に駐在するアメリカの大使や国務省，国防省の高官を指名できるが，その就任には議会の承認が必要である。

また，連邦議会が制定する法律は，自国の個人や企業だけでなく，国際的な事業活動を行う世界各国の個人や企業にも影響する。そのため，ときには日本を含む各国との間で緊張関係を生むこともある。アメリカが国連安保理の枠組み等の下でとる核兵器などの大量破壊兵器の拡散防止のための措置等は一定の効果を発揮し得るが，人権問題を起こした国や個人・団体に対してアメリカが単独で講じる措置は，その正当性が批判されることもある。

連邦議会では国政調査・行政監視の一環として，アメリカ国民に限らず，海外の企業関係者も公聴会に招致し，その見解を質すことも珍しくない。グローバルな経済活動を展開する企業が連邦議会において批判を受けることは，その企業の短期的・中長期的な評価にも影響を与え得る。

海外におけるアメリカによる武力や実力の行使に関して，連邦議会内には大統領・行政府の行動を監視し，立法を通じて行政府の裁量を制限すべきとの考えは強い。しかし，軍の最高指揮官としての権限と裁量を維持しようとする大統領・行政府との間に見解の隔たりがあり，両者の緊張関係はベトナム戦争後強まり，イラク戦争，アフガニスタン紛争を経て，現在に至っている。

こうした背景を踏まえ，この章では，連邦議会の対外関係への関与と，議会が国際的な企業活動に及ぼす影響を概観する。

2　対外関係の予算・法律

条約や人事の承認と並んで，連邦議会がアメリカの外交政策に影響を及ぼす手段の一つに，国務省および関連する省庁（開発援助庁（USAID）等）の活動に必要な予算の策定がある。連邦予算は，議会が採択する歳出法案によって定められる（→第３章３（1）参照）。歳出関連予算は，上下両院の歳出委員会が 12 の小委員会にそれぞれの予算額を配分し，各小委員会はその範囲内で個別事業等の予算額を決める。国務省関連の予算は国防授権法案（NDAA）と同様，授権法を先に設け，その後歳出法を審議・採択していた時期もある。最近では国防授権法案に統合して授権法を成立させ，歳出法を定める場合もある。対外関係予算に関しては，歳出委員会内では，国務・外交活動および関連事業小委員会（Subcommittee on State, Foreign Operations, and Related Programs）で審議される。

同様に国防関連予算については，国防授権法案とは別に，歳出法のための審議が歳出委員会の国防小委員会において行われる。ただし，国防関連予算については，他の授権法案が必ずしも毎年審議・成立されるとは限らない中で，過去60年以上にわたり，必ず採択されている。この点からも連邦議会における国防分野の重要性が理解される。

ほかにも対外関係に影響を及ぼす予算として，貿易・投資関連予算もある。貿易交渉等で中心的な役割を担う通商代表部（United States Trade Representative：USTR）の予算を担当するのが，歳出委員会の商務・法務・科学および関連機関小委員会である。

こうした各種予算の決定に当たっては，公聴会において各省庁が現在行っている事業の成果や，今後の目標，現在の政策課題等も聴取する。行政府は事業や活動の予算につき議会の承認を得る必要があり，議員はそれを梃子にして，各小委員会において様々な質問や問題提起をする（予算編成過程の詳細については→第3章参照）。

3　条約の承認

(1)　憲法上の規定

合衆国憲法は第2条第2節において，大統領が，上院の助言と同意に基づき，出席する上院議員の3分の2の同意を得て，条約を作る（make Treaties）権限を持つ旨規定している。国際法上，国家間の権利義務を定める拘束力のある合意を一般に条約（treaty）または国際約束（international agreement）と呼ぶ。上院が承認する条約には二国間や多数国間の合意，国際機関との合意等の様々な形式・内容がある。国際的な合意には，G7（主要7か国首脳会議）やAPEC（アジア太平洋経済協力）の首脳声明等の法的拘束力のない政治的な文書もあるが，これらは上院の同意と承認の対象とはならない。

合衆国憲法制定当初，憲法に規定された上院の条約に関する「助言と同意」が実際にどのような形態をとるかは明確ではなかった。このような条文となったのは，憲法起草時の，条約締結権が行政府か立法府のいずれに属するかの論争の妥協の産物のためとも言われる。起草段階では，アメリカが13の州の連邦であることを踏まえ，アメリカが国際的な約束を行う場合には，連邦構成州の3分の2の賛成が必要と考える立場と，対外関係は行政府が一義的に担うと考える立場に分かれた。最終的には条約締結は大統領（行政府）が行うとの見方が優越したが，連邦議会の関与を一定程度確保する規定となった。

(2)　上院の同意と承認に関する歴史的展開

実際，合衆国憲法制定直後の1789年，ジョージ・ワシントン大統領は，インディアン（アメリカ先住民）との条約を締結するに当たって上院の助言を得ようとした。しかしながら，上院は速やかに助言を出すのではなく，案件を外交委員会にて時間をかけて審議しようとしたため，ワシントン大統領は失望したと言われる。その後大統領・行政府は上院に対して，助言ではなく条約の承認のみを求める慣行となった。さらに，対外関係の処理のために大量の条約が締結されるようになり，行政府と議会が逐次協議することは非現実的であった。

その一方で，第一次世界大戦後のベルサイユ講和会議において発足が決まった国際連盟について，設立条約である国際連盟規約は，上院が締結を承認しなかった。これは当時国民の高い支持を得て就任したウィルソン大統領が，対外関係につき孤立主義的と言われた当時の上院も最終的にはアメリカの国際連盟加入を受け入れるであろうという強気の読みの下に，非妥協的な態度で条約の承認を求めたためと言われる。その後のワシントン海軍軍縮会議に際しては，ハーディング（Warren G. Harding）大統領は，上院の承認を得やすくするように，交渉団に上院議員を加えた。国際連合憲章起草の際にも，トルーマン（Harris S. Truman）大統領は，上院外交委員会のコナリー（Tom Connally）委員長および共和党筆頭（ヴァンデンバーグ（Arthur Vandenberg）議員）を参加させた。

現在，多くの条約交渉は行政府の責任において行われることが多く，条約の交渉権限が独占的に行政府に属することを，連邦最高裁も認めている（2015 年 *Zivotofsky v. Kerry*，2016 年 *United States v. Curtiss-Wright Export Corp.* 等参照）。戦前あるいは戦後の国際連合憲章起草の例のように，条約交渉のメンバーに上院議員を含めることは少ないが，現在も重要な国際会議に上院議員が出席することは珍しくない。

例えば，1980 年代の米ソの軍縮交渉に際しては，レーガン（Ronald Reagan）大統領の支持の下，超党派の上院議員 12 名で構成される軍縮オブザーバーグループ（Arms Control Observer Group）が設けられた。米ソの軍縮交渉の場に上院議員も同行し，交渉の前面に立つ国務省関係者と協議し，質問をしたり，非公式な形でソ連側と会合することもあった。こうした上院の関与も奏功してか，1987 年には INF 条約（中距離核戦力全廃条約）が，1992 年には米ソ軍縮条約である START が圧倒的多数で上院の承認を受けた。また，国連気候変動枠組条約（UNFCCC）の締約国会合（COP）や他の国際会議の場にも議員がオブザーバーとして参加することもある（議員補佐官が貿易交渉等の現場に赴く例もある→第4章5(1) 参照）。

(3)　条約と行政取極との区別

アメリカが締結する国際約束は，上院の承認が必要な条約と連邦議会が行政府に付与した権限に基づきその責任で締結できる行政取極（executive agreement）がある。どの国際約束が合衆国憲法上の条約に該当するかを区別する明確な基準は存在しない。ただし，慣行上，相互防衛条約（日米安全保障条約等），犯罪人引渡しや司法・捜査共助，人権（ジェノサイド防止条約や拷問禁止条約），軍縮不拡散（核拡散防止条約等），租税（二国間の租税条約等），カナダやメキシコとの境界画定等の分野は，上院の承認が必要と考えられている。

上院の承認に付される条約は，アメリカが締結する国際約束全体の6% 程度と言われている。どの国際約束が上院の承認を必要とするかは，一義的には行政府の外交当局である国務省の法律顧問部が判断する。また，行政府は，1972年のケース・ザブロキー法 Case-Zablocki Act of 1972 に基づき，上院の承認に付されなかった国際約束をその発効後60日以内に連邦議会に報告することとされている。

行政取極は3種類に大別される。第1は連邦議会から授権を受けた範囲で行政府が締結する取極（congressional executive agreements）である。この前提には，議会から権限が付与されていない場合は行政府として条約を締結できないことがある。その反面，いったん権限が与えられた内容については個別の承認を経ずに，行政府は一定の合意を他国との間で結ぶことができる。この一例に，1961年外国援助法 Foreign Assistance Act of 1961 等がある。同法に基づき，大統領は友好国に対して，適当と考える条件に基づき支援を提供することができる。この授権は議会による法律の成立に基づくため，授権に関する疑義は少なく，確立した慣行といえる。外国援助や軍事支援以外にも，北米自由貿易協定（NAFTA）や関税及び貿易に関する一般協定（ガット）も，議会による授権に基づき行政府が締結した条約の例である（貿易関連協定の審議・採決に関する迅速な手続（いわゆる fast track）は→4（1）参照）。

第２にアメリカが他国とすでに締結した条約に基づいて策定する取極である。これは，上院が先行する条約の締結を承認していることから，行政府がその条約で規定している範囲内で，他国政府と取極を結ぶことができる。これは合衆国憲法第６条第２節において，条約がアメリカの国内において最高法規（supreme Law of the Land）として認められていることを根拠としている。例としては，アメリカが日本や他の同盟国との間で締結する安全保障に関連する条約の実施のために締結する取極等がある。日本との関係では，日米安全保障条約について連邦議会の承認を得ているので，日米地位協定等の日米安保条約の実効性を確保するための関連協定については，条約に規定された権限の範囲として行政府が締結できる。こうした協定も executive agreement（あるいは第３の種類と同様の sole executive agreement）と形容することもある。

そして第３は大統領・行政府が合衆国憲法に基づく専権的な行政権限に基づき締結する取極（sole executive agreement）である。この種の取極については，合衆国憲法上の具体的な規定はなく，何が大統領・行政府の専権的な権限に属するかは必ずしも明確ではない。行政府の権限が明確な分野，例えば外交関係の樹立や外交団の接受等に関する取極であれば，論争の余地は少ない。一方で，大統領の権限が必ずしも明確ではない分野については，権限の有無あるいは取極の有効性につき，司法審査の対象となるとの見方もある。こうした権限の所在が不明確な事例につき，裁判所は，連邦議会の黙認が推定されるような場合や過去の実行が積み重ねられているような場合に，こうした専権的な行政取極の締結権限を認めている。

最近ではこの3分類に限らず，大統領・行政府によるより広範な行政取極の締結権限を主張する見方もある。これによれば，大統領・行政府が国内法に基づく規制権限等を持っている場合には，国際約束の締結に際して新たな国内法の導入や改正は必要ではなく，当該国際約束の締結に，連邦議会の承認は必要ではない。この例としてよく挙げられるのが，気候変動に関するパリ協定である。水銀規制に関する水俣条約もその例ともいえる。しかしながら，こうした行政府の裁量を大きく認める立場には反対の意見も少なくない。2015年にイランとアメリカ，ロシア，中国，イギリス，フランス，ドイツが結んだ核合意（包括的共同行動計画：JCPOA）につき，行政府は上院の承認を求める必要はないとの立場を取っている。しかしながら，議会側には，こうした重要な国際約束が議会の承認に付されないのは不適当であるとの意見も強い。このように何が行政取極であるかについての両者の立場には一定の緊張関係がある。

(4)　行政取極に関する実務的な対応

1972年ケース・ザブロキー法に基づき，上述のとおり行政府は連邦議会に対して上院の承認に付さない国際約束を報告することとしているが，議会側には，その報告が十分ではない，あるいは議会として各国際約束につき十分な国政調査・行政監視を行うべきとの意見がある。その背景には，ベトナム戦争当時，連邦議会が関知することなく様々な軍事支援が行政府と相手国との合意により行われていた経緯がある。行政府，とくに条約の交渉・締結および上院への承認の要否を第一義的に判断する国務省は，同法に基づき報告を行っているが，締結する国際約束の数が多数に上ることもあり，議会側には報告が適時適切に行われていないとの見方が根強い。そのため，議会側には同法を改定し，報告が必要な国際約束の範囲を明確化し，行政府に課す義務を強化すべきとの意見が存在する。

国務省内の規則（回章175〔Circular 175〕）は，条約とそれ以外の国際約束を区別する際に考慮する要素として以下を挙げている。

① 当該国際約束が国家全体に影響するコミットメントまたはリスクの程度

② 当該国際約束が国内法に影響を及ぼす程度

③ 当該国際約束が連邦議会によるさらなる立法を必要とするか

④ 過去の類似例

⑤ 特定の種類の国際約束に関する連邦議会の選好

⑥ 国際約束に適当と考えられる形式・体裁

⑦ 当該国際約束の有効期間，迅速な合意の必要性，定期的または短期間の国際約束を締結する必要性

⑧ 類似の国際約束に関する一般的な国際慣行

当該規則では，条約が上院の承認を必要とするものか，それ以外の国際約束であるかを判断する上で，連邦議会関係者との協議が必要とされる場合の対応も規定している。国務省内で法律顧問部と議会との窓口となる立法部門（Legislative Affairs）の責任者が協議し，国務長官に報告の上，適切に（as appropriate）協議するものとされている。

(5) 上院での条約承認手続

上院は条約を批准（ratify）する訳ではない。上院が承認を求められるのは，あくまでも条約を締結することの是非である。上院は条約の締結を

認める決議を可決・否決することでその判断を示す。この決議を一般に resolution of ratification と呼ぶが，国際法上，批准は，受諾，承認，加入と並ぶ条約締結の一形態に過ぎず，この決議が採択された場合でも，アメリカが締結する方法は条約に示された形式に従うこととなる。

大統領が条約の承認を上院に求める場合，当該条約はまず上院外交委員会に付託される。外交委員会は公聴会を開催し，行政府や条約の締結に賛成・反対する専門家から見解を聴取する。外交委員会は条約の承認の適否に関する報告（適否だけでなく，何らの勧告をしないという報告もあり得る）を上院全体に提出する。外交委員会はまた，条約の締結に関する決議（resolution of ratification）を策定する。外交委員会として，報告・決議を提出しないという選択肢もあり，その場合，条約の承認手続は停滞する。委員会からの報告・決議は，上院の重要議案目録（Executive Calendar）に掲載され，討論の対象とならず，決議の審議を開始するための採決に移ることができる（条約承認の採決ではなく，その前段階に当たる）。全会一致または過半数により，決議の審議（討論）に移行することができる。

上院本会議では，討論を終え，締結に関する決議を採択する際に，留保（reservation）を付すなど，一定の条件を付すこともある。留保は，国際法上認められた制度で，条約締結の際に締結国が表明し，条約上負うこととなる権利義務の一部について，その適用を制限する等の効果を持つ。ジェノサイド防止条約の締結に際しても，上院における修正決議を通じ，アメリカは同条約の履行につき留保を付した。行政府は上院が付したものと同様の留保を付して条約を締結する。

留保以外にも，条約の承認に際して上院が意図を表明することもある。「宣言（declaration）」は条約に関する上院の意図を表明するものであるが，条約上の権利義務を変更することはない。「解釈（interpretation）」は条約の特定の条文に関する上院としての解釈を行うものである。これも条文そのものに規定された権利義務は変更しない。上院が付したものと同じ内容を，行政府は締結に際して表明する。その他にも「proviso（注釈という趣旨）」もあり，これは条約の国内法実施に際しての上院の意図の表明であり，条約の締結そのものに影響することはない。

上述のとおり，最近では，条約交渉は行政府の専権事項との理解が確立していることから，上院議員は，内容に不満を持つ条約であれば，条文の修正を指摘するよりも，締結を承認しない傾向にある。条約本文の修正は全会一致によってのみ提起・実現可能であるため，実際に行うことは容易ではない。

(6)　上院での条約承認の課題

上院が締結を承認した場合，行政府が相手国政府または国際機関等と条約を締結する。上院で必要な賛成が得られないと判断される場合には，承認のための決議が投票に付されないこともある。その場合は，当該決議は事実上棚ざらしになる。条約承認のための決議は，他の法案（決議）と異なり，連邦議会の会期毎に廃案とはならないため，再提出の必要はない。

たとえば，ジェノサイド防止条約は，最初に議会の承認が求められたのが1949年であったが，最終的に承認されたのは1986年であった。なお，ジェノサイド防止条約の承認を強く求めた上院議員の一人として，プロクスマイヤー（William Proxmire）議員が知られる。同議員は，ジェノサイド防止条約が承認されるまで毎日議会で演説すると述べ，1967年以降19年間，3000回に上る演説を行った。

上院の承認が得られる見通しが高くないために，国際社会の大多数の国が締結している一方で，アメリカが当事国となっていない条約も少なからずある。代表的な例としては，戦前の国際連盟規約に加え，ジュネーブ諸条約第一追加議定書，国連海洋法条約や包括的核実験禁止条約（CTBT），国際刑事裁判所規程，障害者権利条約等がある。また，行政府が条約交渉に当たり，上院の承認が必要とならない条約となるように交渉に臨む傾向があるとも言われる。その例としてよく挙げられるのが気候変動に関するパリ協定である。

また，新大統領の就任後，前政権が署名をした条約の署名を撤回する例もみられる。条約の署名は行政府が行う行為であり，上院の助言と承認は必要ではない。国際法上，各国は署名の撤回前に条約の趣旨・目的を失わせる行為を行わない義務を負っている。ただし，アメリカの議会との関係では，署名の撤回はむしろ行政府による政策上の方針転換といえる。署名を撤回した具体例としては，ICC規程（クリントン政権時に署名，ブッシュ政権が署名を撤回），武器貿易条約（オバマ政権時に署名，トランプ政権時に署名撤回）がある。なお，気候変動に関するパリ協定については，2016年にオバマ政権が締結し，トランプ政権が2019年に脱退の意図を表明し，バイデン政権が2021年1月に再度締結した。上述のとおり同協定は上院の承認を要しないため，行政府の判断で締結が可能であった。なお，条約からの脱退については，大統領・行政府の権限に基づいて可能と考えられており，連邦議会は基本的に関与しない。

4　貿易投資関連の法律・国際約束への議会の関与

(1)　貿易投資関連法案および協定・TPA（貿易促進権限）

貿易投資に関連する法案および貿易関連協定の多くは，物品等の輸入に際しての関税に関する規定を含むことから，連邦議会が所掌する税収および歳入に関する事項に関係する。そのため，アメリカが他国との間で締結する貿易関連の国際約束には，行政府による議会からの明示的な授権が必要とされる。その一方で，広範囲におよぶ複雑な交渉を経て達成した他国との合意については，迅速な手続（いわゆる fast track）による審議・採決が認められている。

合衆国憲法第 1 条第 8 節は，連邦議会が租税・歳入に関する権限を有する旨規定している。実際，第二次世界大戦以前のアメリカの歳入の相当部分は関税収入に負っており，関税は連邦議会における大きな関心事項であった。1929 年の世界恐慌後，アメリカは国内経済を維持するために対外輸出を重視し，他国との間で相互的に関税を引き下げることを目標とした交渉を開始した。その法的な根拠となったのが，1934 年双務的貿易協定法（Reciprocal Trade Agreements Act of 1934）である。同法に基づき，行政府は議会に授権される形で，一定の範囲で関税の相互削減のための交渉に従事することが可能となった。

1960 年代以降の国際的な貿易自由化交渉では，関税の引下げだけでなく各国の国内規制や税関手続等の非関税障壁の是正もアメリカにとっての大きな関心事項となった。こうした広範な事項につき行政府が交渉できるように，議会は 1974 年貿易法（Trade Act of 1974）を成立させた。同法により，連邦議会は行政府に対して，貿易交渉の目的を明確にするとともに，議会への通知と協議を義務づけることで，当該目的の達成を確保しようとした。同時に連邦議会は，行政府が一定の条件の下で他国と合意し，議会の関与を経ずに必要な関税の引下げ等の措置を講じることを認めた。議会が行政府に付与する貿易交渉のためのこのような権限を貿易促進権限（Trade Promotion Authority）（TPA）と呼ぶ。

第二次世界大戦以降の TPA の付与は累次にわたった。ガット（関税及び貿易に関する一般協定）における貿易自由化交渉（ウルグアイラウンド等）や二国間や地域の交渉（北米貿易自由協定（NAFTA）や環太平洋パートナーシップ協定（TPP））に際しても，行政府は TPA に基づき交渉に従事した。行政府が貿易に関する交渉および合意の締結権限を付与された場合，交渉が妥結した後の連邦議会での締結手続は，通常の法案の審議・採択よりも簡便・迅速なものとなる。TPA は行政府が議会に対して要請することが通常であり，たとえばオバマ大統領は 2015 年 1 月に TPA を要請し，同年 6 月に認められた。

具体的には図 5-1 のとおり，TPA が付与された場合，交渉妥結以降，行政府による合意文書への署名を経て，国内法の改正箇所を特定し，それを署名後 60 日以内に議会に提出することとなる。その後国内実施法の議会への提出 30 日前までに，行政府は議会に対して，最終的な合意内容（協定の条文）と行政府の意図表明文書（Statement of Administrative Intent）を提出する。その後は模擬的な法案審議（mock markup. 協定条文の提出）を行う。この模擬的な法案審議は，国内実施法の審議に先立ち，議会関係者に対して貿易協定に関する行政府側にその考えを示す機会となっている。この法案審議では，国内実施法の草案を取り上げ，議員がその内容につき拘束力のない提案を行い，行政府に議会の意向を伝える場として機能する。

貿易関連協定の交渉開始直後から，所掌する委員会（下院の場合は歳出委員会，上院は財政委員会となることが多い）が公聴会を開催する。この公聴会では，交渉の概要や期待される成果に関する行政府や有識者の見解を聴取するとともに，国内実施法の成立前に貿易関連協定の条文に関する議員の見解も示す場となる。

国内実施法案は，審議日数が一定期間が過ぎると，所掌委員会からの自動的な付託解除（automatic discharge）が認められ，本会議に付託される（付託解除については→第 2 章 4（1）参照）。本会議での討論時間も制限が付されるため，他の法案よりも迅速な採決が可能となる。そして最大の特徴として，貿易関連協定の条文そのものの修正が認められず，単

図5-1　貿易促進権限（2015年のTPA）に基づく審議の流れ

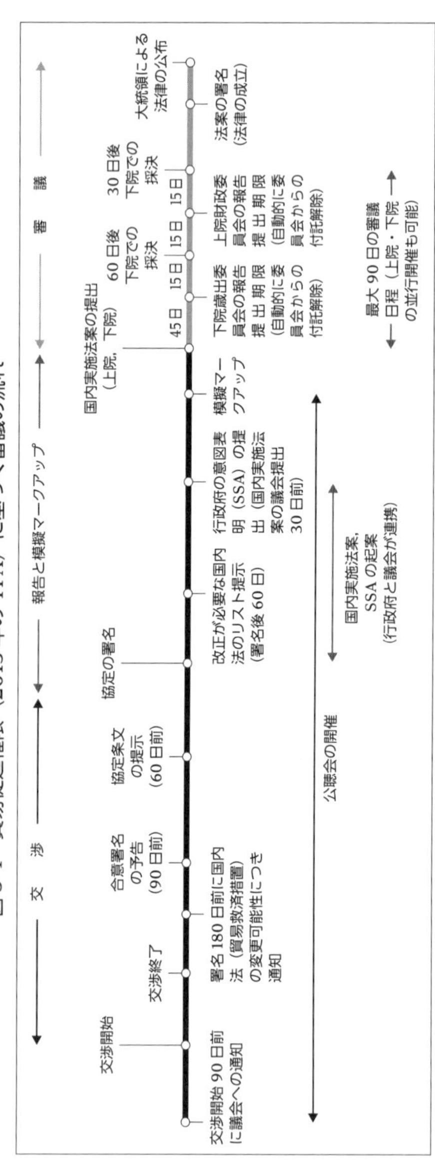

出典：議会調査局（CRS）報告書を基に筆者が作成

純過半数による一括での諾否（up or down とも呼ばれる）が求められる。

このように TPA には，連邦議会が行政府に授権を行い，交渉の目的や達成事項，手続の迅速化を明確にすることで，交渉相手国にアメリカ側の政策・目的に対する予見可能性を高め，貿易自由化交渉を効果的に進める機能がある。とくに交渉で合意された協定の条文が議会で修正されない点，また審議・採決の時間的な見通しが立つ点は，相手国だけでなく関係する産業界等の関係者にとっても重要な要素である。しかし，2015 年に承認された TPA が 2021 年 7 月に失効して以降，新たな TPA は付与されていない。

(2)　公聴会を通じた国政調査・行政監視

連邦議会が国政調査・行政監視の一環として行う公聴会は，アメリカが国際経済に与える影響の大きさに比例して，国際的な反響も大きい。公聴会では行政府の関係者だけでなく，NGO 等の非政府団体，研究者等の有識者，そして民間企業の経営者から見解を聴取することも少なくない（→第 4 章 1 (1) 参照）。米国企業の CEO だけでなく，日系企業を含む海外の CEO を招致し，証言を求めることもある。公聴会では，議員が厳しい姿勢で臨むことも少なくなく，国際的な反響も大きい。過去に日系企業が証言した例でよく知られているものに以下がある。

1999 年から 2000 年にかけて，ブリヂストン・ファイアストン・インク社（BFS）が製造したファイアストン製のタイヤを装着した自動車による一連の横転事故がアメリカ国内で関心を集めた。BFS は 650 万本のタイヤを自主回収したものの，アメリカ国内での懸念は収まらず，2000 年 9 月に下院エネルギー・商業委員会で公聴会が開かれた。出席した小野正敏 BFS 会長兼 CEO は，問題の原因を究明し，十分な説明を行う旨発言したが，アメリカのメディアは，事故の犠牲者への小野会長のお悔みの言葉を品質問題へのお詫びと受け止めて報道した。引き続き上院商業・科学・運輸委員会でも公聴会が開催され，BFSのジョン・ランペ副社長等が証言した。その後2000年12月および翌年1月にBFSおよび第三者の専門家による調査結果が公表され，一連の横転事故をタイヤのみを原因とすることは現実的でないとの見解が示された。

2010年2月に下院の監督・政府改革委員会（当時）において行われたトヨタ自動車の豊田章男社長の証言の例もある。トヨタの自動車に関し，2009年秋以降に発生したリコールと一部車両の意図せぬ加速を巡り，アメリカ国内での関心が高まった。そのため，トヨタ以外にも，アメリカの運輸当局や事故の当事者等からも見解を聴取するための公聴会が開かれることとなった。2月23日に米国トヨタ社長が下院エネルギー・商業委員会にて証言した後，2月24日に豊田章男社長とトヨタ・モーター・ノース・アメリカの稲葉良晛社長が下院の監督・政府改革委員会の公聴会に出席して証言した。その約1年後，アメリカの運輸省は調査結果を発表し，意図せぬ急加速を引き起こすような欠陥を示す証拠は発見されなかった旨公表した。

こうした連邦議会での公聴会の開催は，各委員会における法案の審議日程や所掌事項の優先順位を踏まえて決定される。各委員会には毎年数十にも上る議題の提案が寄せられると言われる。その中で，法案審議に関係する議題，法律・政策の実施状況，あるいは経済・社会問題に関する個別案件の調査につき，開催の採否を検討することになる。公聴会の開催に先立っては，各委員会付きのスタッフが公聴会開催に関する素案を準備し，委員長（または小委員長）を中心とする議員が開催の適否を検討する。開催については委員長ポストを占める多数党の主張が反映されることが多い。また，証人の人選や出席に関する事前の調整，事前の案内やメディア取材の調整等の様々な準備も必要となる。

公聴会の証人は，幅広い視点からの議論を行う場合や特定の見解を聴取する場合など，公聴会の目的に応じて，選ばれ方も異なる。前者の場合は，政策や問題に対する賛否等を論じるために見解の異なる証人が呼ばれ，後者の場合は法律や政策の問題点を指摘する専門家等が証人となる。上述のファイアストン製タイヤの問題に関しては，自動車の横転事故の原因がタイヤであると主張するフォード社と，原因がまだ運輸当局によって特定されてないと説明するBFSの両当事者に加え，独立した第三者の専門家である大学教授が招かれた。政策の問題点を取り上げる公聴会では，証人の人選等，多数党の主張が反映されやすい傾向があるが，少数党側が希望する証人が参加する場合もある。

公聴会の多くはテレビ，インターネット等で放映され，事後には記録も公表されるが，機微な情報に関する会合は非公開となる。過去の例にみられるように公聴会は政治的な色彩が強くなる傾向もあるが，議員にとっては行政府，有権者に対して，自らの関心の所在と関与をアピールする重要な場と考えられている。

5　経済制裁――連邦議会の国際企業活動への影響

第二次世界大戦後，アメリカの国内法は，同国の企業だけでなく，国際的な事業に関わる世界各国の企業に大きな影響を与えてきた。アメリカの国内法が海外の企業に与える影響は，直接・間接に幅広いものがあるが，ここでは代表的な例として，輸出管理や輸入の制限を含むいわゆる経済制裁に関する法律と議会の関係を取り上げる。

(1)　経済制裁の概要

経済制裁(economic sanctions)に確定的な定義は存在しないが，一般にはある国（または複数の国々）が，他国の行動に一定の立場を示し，影響を与えるために講じる措置と言える。講じられる措置には，人，モノ，サービスに関連する貿易関係の制限や資金取引の規制等がある。国際的な基軸通貨であり，商取引の決済のために使用されるドルをアメリカが管理していることから，アメリカによる措置は国際的なビジネスに大きな影響力を持つ。

経済制裁は，軍事的な侵略行為，核兵器等の大量破壊兵器と関連技術・物品の拡散，人権侵害を停止・抑制するために講じられることが多い。1990 年のイラクによるクウェート侵攻や 1990 年代以降の北朝鮮による核兵器開発の問題のように，国際社会が協調して対抗する措置については，国連の安保理が決議を採択し，各国が国連憲章上の法的な義務として実施する。こうした場合に日本や EU，アメリカ等の講じる措置が大きく異なることはない。これに対し，国連安保理内の対立等により，安保理による措置が講じられず，各国がそれぞれの政策判断に基づき個別に（あるいは一部の有志国と連携して）とる措置は，単独制裁(unilateral sanctions)と呼ばれることもある。アメリカのみが独自の制裁措置をとった場合でも，国境を越えて他国の企業活動に制約を及ぼすこともある。そのため，連邦議会における立法を通じて導入される制裁措置には，日本等の政府・企業の関心は高い。

経済制裁でとられる措置には，制裁の対象となる国の個人・団体（企業）や政府関係者の資産凍結，海外渡航・入国の禁止，貿易の制限（輸出入や取引の禁止），資金移動の制限等がある。アメリカが単独で講じる措置は，一見すると制裁対象国以外の日本や EU 等の第三国に影響を及ぼさないように思われる。しかしながら，実際にはアメリカに所在する日系企業の取引が制限されるだけでなく，ドルを決済通貨として使用する場合には，日本と制裁対象国の企業との間の商取引であっても，規制の対象となる。このようにアメリカが講じる制裁措置はグローバルな影響力を持つ。

(2)　経済制裁を実施するアメリカの法的な枠組み

アメリカによる経済制裁は主に3つの枠組みを通じて行われる。第一が1977年に制定された国際緊急事態経済権限法(International Emergency Economic Powers Act)（IEEPA）と1976年の国家緊急事態法(National Emergencies Act)（NEA）に基づく制裁対象の個人・団体の指定と規制の導入である。両法に基づき，大統領が国家緊急事態を宣言し，アメリカの管轄内にある個人や財産と関係のある外国内の財産や個人との取引に広範な規制を課すことが認められている。大統領・行政府は，大統領令(Executive Order)を通じて具体的な制裁措置を講じる。

大統領はこの大統領令を通じ，司法長官（場合によっては国務長官）に指示する形で，規制の対象となる個人・団体の一覧(Specially Designated Nationals and Blocked Persons List)（SDN List）を作成するとともに，講じる措置を特定する。制裁対象となる個人・団体に対する資産凍結，貿易（輸出入）の制限，資本取引規制等がその代表的な措置である。制裁措置の履行の確保は司法省内の外国資産管理局(Office of Foreign Assets Control)（OFAC）が担い，司法省と連携して，違反者に対する民事・刑事双方の措置をとる。国際的なテロ組織やテロ行為に関与した個人・団体への措置にもこの枠組みが用いられる。最近ではロシアによるウクライナ侵攻後にロシアの個人・団体等への制裁がこの枠組みを通じて行われている。

第二の枠組みは，機微な物資・技術に関する輸出管理である。これは東西冷戦当時の共産圏にする輸出規制を課していた当時から実施されている。最近では2018年輸出管理改革法(Export Control Reform Act of 2018)（ECRA）がその根拠法となっており，同法に基づきアメリカは自国の安全保障に悪影響を及ぼすおそれのある物品の輸出を制限・禁止する。その対象は，大量破壊兵器の開発等に使用され得る軍民両用の汎用品（dual use materials）であり，規制対象は広範囲に及ぶ。商務省の産業安全保障局（Bureau of Industry and Security）（BIS）が規制当局の中心となり，輸出許可の審査対象となる物品・技術のリスト（Commerce Control List：CCL）と規制対象となる個人・団体のリスト（BIS Entity List：EL）に基づき必要な措置をとる。

軍事物資の輸出管理に関する枠組みである武器輸出管理法（Arms Export Control Act）（AECA）を通じた規制もある。同法の下で，国際武器移転規制（International Traffic in Arms Regulations）（ITAR）に定められた輸出許可基準と兵器リスト（U.S. Munitions List：USML）に基づき個別の武器移転の適否が判断される。武器移転の適否は国務省の国防貿易管理局（Directorate of Defense Trade Controls）（DDTC）が中心となって判断する。

こうした輸出管理措置はアメリカによる個別の経済制裁としてとられることもあるが，大量破壊兵器に関連した国際的な物資・技術移転の規制の一環としてとられることも多い。イラン，北朝鮮に対する大量破壊兵器関連の物資・技術の輸出管理がこの枠組みに基づいて行われているほか，最近の中国への機微技術の移転規制もECRA の各種リストに基づき実施されている。

第三の枠組みは，制裁対象国からの輸入禁止・輸入制限である。この方法は，第一の IEEPA および NEA に基づく措置の一部にも含まれるが，両方の枠組みの外でも実施可能である。キューバ制裁が一例である。1959 年のキューバ革命以降，キューバのカストロ政権とアメリカの関係は急速に悪化し，1962 年２月には 1961 年外国援助法を根拠とした包括的な貿易禁止措置が取られ，財務省はキューバからの輸入禁止措置等の具体的な対応を定めた。1962 年には敵国貿易法（Trading with the Enemy Act）（TWEA）を援用し，その適用対象を拡大した。

日本に関係した事例である 1987 年の東芝機械事件では，ソ連に潜水艦の静音化を向上させる機械を輸出したことに反発し，連邦議会は翌1988年に貿易関連法（Omnibus Trade and Competitiveness Act of 1988）を制定して東芝機械の製品のアメリカへの輸入を3年間禁止する等の措置を講じた。最近では2021年にウイグル強制労働防止法（Uyghur Forced Labor Prevention Act）（UFLPA）といった法律も導入されている。

(3)　経済制裁と連邦議会の関係

こうした一連の経済制裁に関連した法律は，いずれも連邦議会によって審議・採択される必要がある。いったん法律として成立した内容については，大統領・行政府が授権された範囲内で実施することが可能である。新たな制裁措置を導入したり，議会が行政府に対して既存の法律の範囲を超えた制裁措置を実施するように義務付ける場合には，新規の立法が必要となる。

上述のウイグル強制労働防止法（UFLPA）を例に挙げれば，アメリカではすでに強制労働・児童労働等を通じて生産された物品の輸入を禁止する法律は存在した（1930年関税法）。しかしながら，その実効性については批判もあり，この新規立法により中国の新疆ウイグル自治区からの物品について，アメリカへの輸入に際して強制労働による生産ではないことを示す証拠を提示する等の義務が課されることとなった。

また，ロシア国内の腐敗を指摘したセルゲイ・マグニツキー弁護士の逮捕，非人道的な拘禁と死亡を非難し，その死亡に責任を有する者の追及を求めた2012年マグニツキー法（Sergei Magnitsky Rule of Law Accountability Act of 2012）も，アメリカによる他国における人権侵害の追及と制裁を実施するための法律として知られる。この法律は，上院の民主・共和両党の議員が主導して審議・採択され，オバマ政権と調整した上で成立した。その後同法は，2016年に成立したグローバル・マグニツキー人権説明責任法（Global Magnitsky Human Rights Accountability Act）として適用対象を世界規模に拡大している。

グローバル・マグニツキー法では制裁の決定に際し，大統領に対して連邦議会（上院・下院の金融・外交両委員会の委員長と筆頭）および外国政府や人権問題に関わる非政府団体からの信頼できる情報を考慮するよう求めている。また，同法は大統領に対して議会指導部からの照会事項に120日以内に応答することも求めている。しかしながら，オバマ大統領は法案署名当時にこの規定は合衆国憲法に定める権力の分立上問題となり得ると指摘し，適切と判断する場合にはこうした照会等に応じ裁量を維持する旨言明している。このように経済制裁の実施に関し，連邦議会が行政府によるさらなる措置を求め，行政府に働きかけを行うことが少なくない。

より最近の例としては，ロシアによるウクライナ侵攻以前の2021年末から2022年２月にかけての段階で，ロシアの政府・企業関係者に制裁を課そうとした連邦議会の動きも挙げられる。一部の議員が，ロシアの侵攻を思いとどまらせ，アメリカの強固な意志を示す観点から侵攻前に制裁措置を課すべきと考え，関連する法案を立案し，審議した。この法案は最終的には成立しなかったが，ロシアとの緊張を高めることを理由に侵攻前の制裁に慎重であったバイデン政権に対する連邦議会側の具体的な働きかけの例と言える。

現在アメリカが実施している経済制裁は表5-1のとおりである。

6　武力行使・宣戦布告（War Powers Resolution）

(1)　憲法上の武力行使・宣戦布告の例

合衆国憲法は第１条第８節において，連邦議会に宣戦を布告する権限を付与し，連邦議会が陸海軍を維持することを認めている。後者は連邦議会に対して，連邦予算における歳出を認める権限を付与していると解されている。憲法第２条第２節はまた，大統領を軍の最高司令官として認めている。連邦議会が宣戦布告したことは

表5-1　アメリカによる経済制裁（アルファベット順，2023年7月時点）

対象	内容	根拠法ほか
ベラルーシ	民主プロセス抑圧への対応	IEEPA，NEA，大統領令
ミャンマー（ビルマ）	クーデター，民主プロセス抑圧への対応	IEEPA，NEA，各種個別制裁法，大統領令
中央アフリカ共和国	国内政情不安定化への対応	安保理決議，IEEPA，NEA，大統領令
キューバ	キューバ革命以降の対応	対外援助法，敵国貿易法，各種個別制裁法，大統領令
北朝鮮	核開発，人権抑圧等への対応	国連安保理決議，IEEPA，NEA，各種個別制裁法，大統領令
コンゴ民主共和国	国内政情不安定化への対応	国連安保理決議，IEEPA，NEA，大統領令
イラン	イラン革命以降の対応	国連安保理決議（核開発関連），IEEPA，NEA，各種個別制裁法，大統領令
マリ	停戦合意違反と国内政情不安定化への対応	国連安保理決議，IEEPA，NEA，大統領令
ニカラグア	民主体制の抑圧，国内政情不安定化への対応	IEEPA，NEA，大統領令
ソマリア	国内政情不安定化，沿岸海賊問題への対応	国連安保理決議，IEEPA，NEA，大統領令
南スーダン	国内政情不安定化への対応	IEEPA，NEA，大統領令
スーダン	ダルフール紛争以降の対応。その後制裁措置の大半を解除。	IEEPA，NEA，各種個別制裁法，大統領令
シリア	1980年代のレバノン内戦およびその後のシリア内戦への対応。	国連安保理決議（2005年），IEEPA，NEA，各種個別制裁法，大統領令
ウクライナ・ロシア	ロシアによるクリミア併合，その後のウクライナ侵攻への対応	IEEPA，NEA，各種個別制裁法，大統領令

ベネズエラ	国内の人権侵害，政情不安定化への対応	IEEPA，NEA，各種個別制裁法，大統領令
西バルカン	ユーゴスラビア内戦後の和平・民主化プロセスの停滞への対応	IEEPA，NEA，大統領令
ジンバブエ	民主体制の抑圧，国内政情不安定化への対応	IEEPA，NEA，大統領令

注　国務省は上記以外にもサイバー分野，グローバル・マグニツキー法に基づく制裁を挙げる。財務省はそれら以外にも，アフガニスタン，中国軍事企業，麻薬対策，テロ対策，エチオピア，アメリカの選挙への外国による干渉，香港，不当に拘禁されたアメリカ人の人質，イラク，レバノン，不拡散，ダイヤモンド原石の貿易管理，ロシアによる有害な対外活動，越境犯罪組織，イエメン等の地域別，分野別の制裁措置も挙げている。

（国務省，財務省ウェブサイトを基に筆者作成）

第一次世界大戦と第二次世界大戦の時しかない。しかし，現実にはアメリカは第一次，第二次世界大戦以外でも海外での武力紛争に数多く関与している。こうした軍事力の行使は大統領の軍の最高司令官としての権限に基づくものと考えられている。その一方で，連邦議会は宣戦布告の権限だけでなく，国防関連予算を定める権限を持っており，アメリカ軍の装備調達や海外への部隊の配置等にも影響力を行使し得る。ベトナム戦争後，連邦議会は大統領の武力行使の権限を制限しようとし，1973 年の戦争権限法（War Powers Resolution of 1973）を成立させた（War Powers Act とも通称される)。ニクソン大統領は，同法に拒否権を発動したが，議会は３分の２以上の賛成をもって再可決し，同法は成立した。

戦争権限法は，米軍が武力を行使した際，大統領が連邦議会に対して 48 時間以内に報告することを求めている。同法はまた大統領に対し，60 日以内に軍を撤収させることを求め，軍の安全が確保され，早期の撤退を実現する上で必要であると議会に示す場合 30

日の延長を認めている。この期限は，連邦議会が別途の合同決議を通じ宣戦布告または他の適切な授権を行わない限り到来するとされている。

(2)　戦争権限法と議会・行政府の関係

宣戦布告は両院の合同決議（joint resolution）（→第２章３（2）参照）で行われることとされているが，合同決議は通常の上下院の議事規則手続に基づき審議・採択されるため，フィリバスター等の対象にもなる。その一方で，同法では連邦議会による大統領への武力行使の授権については，上述の 60 日および追加的な 30 日の期限内に判断できるように，審議・討論に期限を定めたいわゆる fast track（迅速な手続）が定められている。

国際法上，紛争処理の手段としての戦争が一般に違法化された第二次世界大戦後，宣戦布告が行われることはあまり考えにくいが，2001 年９月のアメリカへの同時多発テロに対する武力行使に際しては，この合同決議が採択された。「軍事力の行使の授権」決議（The Authorization for Use of Military Force）と呼ばれる同決議は，９月 18 日に大統領の署名により法律として成立した。この軍事力行使の授権決議はその後の事例でもたびたび採択されている。

歴代の大統領は，戦争権限法が大統領の最高司令官としての権限を侵食するものであるとして反対している。しかしながら，歴代大統領は同法の成立後，連邦議会に対して武力行使のたびに報告を行っており，その数はオバマ政権当時（2016 年末まで）で 168 回におよぶ。トランプ政権においては６回報告がなされ，バイデン政権は 2022 年 12 月までに３回報告している。

歴代大統領の中ではオバマ大統領が最も多く，44 回戦争権限法に言及した報告を議会に行っている。ただし，歴代大統領の報告においては，行政府の戦争権限法に対する見解の違い故に，同法に従って（pursuant to）報告が行われるのではなく，同法に合致する形で（consistent with）実施される旨記載されている。

連邦議会議員の多くは，大統領による武力行使に対して監督が必要と考えている。また，過去に行われた軍事力行使の授権の廃止を求める提案もされている。その背景には，過去の授権が大統領によって拡大解釈され，新たな武力行使に流用されるとの懸念がある。最近では2023年に，2002年のイラクへの軍事力行使の授権を廃止すべきとの決議が上院で成立している。その一方で，戦争権限法が大統領による行動を不当に制限することから，同法を廃止すべきと主張する識者もいる。

コラム　駐日大使と連邦議会のつながり

東京に駐在するアメリカの大使は，日本におけるアメリカの顔であり，ニュースや歴史的な映像等でその姿を見かけることが多い。ただし，その姿を見るときのアメリカ人の反応は日本人とは少し違ったものとなる。マンスフィールド，モンデール，ベイカー，フォーリー，エマニュエルといった名前は，多くのアメリカ人，とくにワシントンDCでは，著名な議員や歴代大統領に近い存在として知られている。以下に戦後日本に着任したアメリカ大使の一覧と連邦議会とのつながりを紹介する。

表5-2を見ると，日本が経済大国として認知されるようになった1970年代以降，議員経験者が大使に任命されることが増えていることがわかる。アメリカにおいて，主要国への大使の任命は，大統領選挙等で貢献した支援者に対する論功行賞の側面もあるが（猟官制の背景については→第4章1（2），第7章2（2）参照），大統領や政権要路と関係の深い議員経験者も，政治的に重要な存在として認識されていることがわかる。

表 5-2 戦後の駐日アメリカ大使の主な職歴と議会との関係

氏 名	大使在任歴	主な職歴・議会との関係
ロバート・D・マーフィー	1952-1953	外交官
ジョン・M. アリソン	1953-1957	外交官
ダグラス・マッカーサー二世	1957-1961	外交官
エドウィン・O・ライシャワー	1961-1966	ハーバード大学教授
U・アレクシス・ジョンソン	1966-1969	外交官
アーミン・H・マイヤー	1969-1972	外交官
ロバート・S・インガソル	1972-1973	外交官
ジェームス・ホジソン	1974-1977	実業界を経て労働長官（ニクソン政権）
マイク・マンスフィールド	1977-1988	下院議員（1943-1953），上院議員（1953-1977，上院院内総務在任期間（1961-1977）は歴代2位）
マイケル・アマコスト	1989-1991	NSC 部長，フィリピン大使，国務次官，国務長官代行
ウォルター・モンデール	1993-1996	上院議員（1964-1976），副大統領（カーター政権）
トーマス・フォーリー	1997-2001	下院議長（1989-1995），下院議員（1965-1995）
ハワード・ベーカー	2001-2005	上院議員（1967-1985。上院院内総務も務める），大統領首席補佐官（レーガン政権）
ジョン・トーマス・シーファー	2005-2009	下院議員（1973-1979），弁護士，野球チームオーナー

ジョン・ルース	2009-2013	弁護士（民主党の大統領選挙を支援）
キャロライン・ケネディ	2013-2017	メトロポリタン美術館勤務，弁護士（民主党のオバマ候補を支援）
ウィリアム・ハガティー	2017-2019	実業界，テネシー州政府，上院議員（2021-現在）
ラーム・エマニュエル	2022-現在	大統領府（クリントン政権），下院議員（2003-2009），大統領首席補佐官（オバマ政権），シカゴ市長

■ 第6章

選挙制度

1　はじめに——連邦の規制と多様な各州の選挙制度

アメリカの連邦議会議員の選挙を知る上でのポイントの一つは，各州の制度の多様性である。

連邦議会議員の選挙に関して合衆国憲法で規定されているのは，上下院議員の定員や選挙日，議会会期といった基本的な事項に過ぎない。連邦法も，公民権法や投票権法のように選挙権等の差別の禁止や投票権の保障，選挙資金規制等の全国共通の枠組みを示すに留まる。各州での選挙に主な責任を負うのは州務長官(Secretary of State)であることが多く，投票所の管理や選挙の開票・集計等の実務を担うために，州内の各自治体に選挙管理委員会(board of elections)が置かれる。

アメリカの連邦議会議員選挙や大統領選挙は多額の資金と人員が動員されることでも有名である。選挙資金の規制は，一定の枠組みが連邦法で定められるが，詳細は各州法によって規定される。多額の選挙資金が必要とされ，大口献金者が選挙戦あるいは選挙後に不当な影響力を行使するとの批判も強いため，選挙資金制度改革の議論は常に提起されている。その一方で，より自由な選挙活動を行いたいと考える各政党，支援する各陣営の意見も強く，規制と裁量の間で綱引きが続いている。

この章では，連邦議会議員選挙と大統領選挙の枠組みを概観し，選挙を巡る課題にも触れる。

2　連邦議会の選挙制度の概観

(1)　憲法上の規定

連邦議会議員の選出に関し，合衆国憲法で定められているのは，下院議員については10年に1回行われる人口調査によって議席配分が定められること（第1条第2節），上院については各州2名が選出されること（第1条第3節）である。上院・下院議員の選出方法は各州の立法府が定めるとされていることからも（第1条第4節），各州に広範な裁量が認められている。選挙日については，合衆国憲法上，各州あるいは連邦議会も決めることができるとされているが，現在は合衆国法典第2編第7条において，（大統領選挙，中間選挙と同様の）11月の第一月曜日の次の火曜日とされている（上下院の被選挙権等は→第1章3，4参照）。

投票権については，憲法修正第26条において，「18歳以上の合衆国市民」と規定されている。この修正は1971年に実現されたが，その背景には1965年の投票権法（Voting Rights Act of 1965）とベトナム戦争があった。第二次世界大戦当時から，18歳で徴兵された兵士が21歳になるまで投票権を持たないのは不当との意見があったものの，投票年齢の引下げの政治的な機運は高まらなかった。その後ベトナム戦争が激化し，反戦運動が高まる中で，徴兵され戦地に赴く若者が投票権を持たないことがさらに問題視されるようになった。1965年の投票権法の適用範囲を拡大する法改正が1970年に行われ，さらに連邦議会は合衆国憲法を改正し，すべての選挙について18歳以上の投票権を認めることにした（なお，アメリカは1973年に徴兵制を廃止し，現在は志願兵制度に移行している）。

(2)　有権者登録と政党支持

アメリカの選挙の特徴として，有権者は事前に有権者登録をしないと投票ができないこと，そして多くの場合，有権者登録に際して支持政党を明示することが挙げられる。

有権者登録の方法は州によって異なるが，多くの州においてオンライン，郵送，選挙事務所や運輸局（Department of Motor Vehicle）（運転免許証の交付等を受ける場所）で有権者登録が可能である。ネバダ州のように，運輸局で免許更新等の手続をした際に，自動的に有権者登録ができる制度を設けている州もある。なお，全米 50 州のうち，ノースダコタ州のみ事前の有権者登録が不要で，投票日に運転免許証等の身分証明書を持参すれば投票ができる。

投票権を持つアメリカ市民が全員有権者登録をするとは限らない。2020 年の米国統計局の集計では，同年の選挙において，18 歳以上のアメリカ市民約 2.5 億人のうち，66.7% が有権者登録を行い，61.3% が実際に投票したとされる（そのうち男性は 65.1% が登録し，59.5% が投票，女性は 68.2% が登録し，63.0% が投票したとされる）。

各州において有権者登録をする際，多くの場合は自分の支持政党を登録する。支持政党の登録は，予備選や本選の投票資格にも関係するため重要である。登録に際しては，民主党，共和党，あるいは無党派（あるいは支持政党なし。independent/unaffiliated/non-partisan 等と表記）の中から選ぶ。州によっては地域政党や少数政党を支持政党として登録可能な場合もある。

アメリカは共和党，民主党の二大政党制の国であるが，支持政党につき「無党派（支持政党なし）」と表明する人も少なくない。2022 年の世論調査によれば，自らを無党派と表明する人割合は 1990 年代中盤にかけて増加したものの，その後いったんは減少に転じた。そして 2010 年以降再度増加し，現在は共和，民主党が

図6-1　アメリカ内の政党支持率の推移

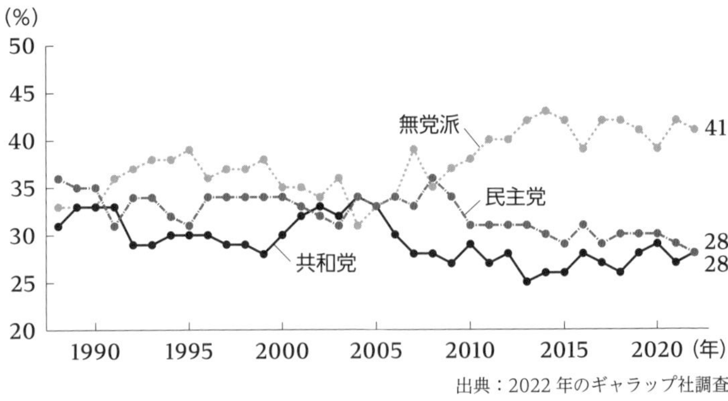

出典：2022年のギャラップ社調査

30%弱であるのに対し，無党派・支持政党なしを表明する割合は40%を超えている。この背景は，いわゆるZ世代（Generation Z. 1990年代後半から2000年代前半に生まれた世代）と呼ばれる若者世代が既存の二大政党に対して不満を強めているためと言われている。最近ではこのような政党支持が確固としていない浮動層の支持獲得が，とくに接戦州・接戦の選挙区では重要視されている。

(3)　予備選挙と本選

各州で行われる連邦議会選挙は，上下院のいずれも基本的に各政党内の予備選（primary）と本選（general election）の2段階で行われる。通常有権者は自らが登録した支持政党の予備選にのみ投票が可能である。わかりやすく言えば，共和党支持者は共和党の予備選に投票し，民主党支持者は民主党の予備選に投票する（これをclosed primaryと呼ぶ）。これに対し，例えばカリフォルニア州のように，政党別の予備選を行わず，有権者が適当と考える候補を選び，上位2名が本選に進むという方法をとることもある（open primaryと呼ばれる）。州によっては，有権者登録をしている政党と異なる政党の予備選に投票すること（crossover voting）を認めるところもある。Crossover voting は，純粋に他の政党の候補が優れていると考えた場合に行うこともあるが，他の政党の選出過程を攪乱（かくらん）させるための行動と批判されることもある。

予備選の方式にも様々な派生形があり，州によっては，民主・共和両党のいずれにも所属しない無党派・無所属（independent）として立候補し，本選に出られる場合もある。その場合の多くは，投票用紙に候補の名前を掲載するために，一定数の請願（petition）を集める，あるいは一定の費用を支払うことが求められることもある。また，アラスカ州のように，投票用紙に候補者名がない場合でも，有権者が適当と考える候補の名前を記載する（write-in ballot と呼ばれる）方式をとる州もある。

本選での当選者の決定方法も州によって制度が異なる。通常は2名（あるいは独立候補を含む3名）の中で，より多くの票を得た候補が当選する。しかしながら，ジョージア州のように過半数を得ない場合に決選投票を実施する州もある。また，アラスカ，メイン州のように，本選において各党から選出された複数の候補につき，優先順位をつけて投票する方式（ranked choice voting とも呼ばれる）を採用している州もある。

この優先順位に基づく投票方式の場合，予備選・本選において，有権者は適当と思われる候補に優先順位（例えば1位から4位まで）を付けて投票する。開票においては，まず最下位（第4位）の候補が脱落し，当該候補に投票した有権者が投票用紙に記入した第2，第3順位の候補に票が再配分され，再度集計される。再度の集計の結果，最下位（第3位）が脱落し，その票を再配分の上，集計し直す。そして最終的に上位2位の候補の間で過半数を取った候補が当選することとなる。

本選で有権者登録時の支持政党と異なる政党の候補に投票したり，大統領，上院議員，下院議員候補の間で異なる政党の候補に投票することも可能である。大統領選挙，上院・下院議員選挙，そして同一の日に行われることのある州知事選挙で，異なる政党の候補に投票することを split-ticket voting あるいは ticket splitting と呼ぶ（これに対し，同じ政党の候補を投票することを straight party voting と呼ぶ）。近年のアメリカ政治における党派対立の先鋭化から，split-ticket voting は急速に減少したといわれる。その反面，2022 年の中間選挙では，選挙結果で州知事が共和党，上院議員が民主党（あるいはその反対）となった例が見られるたとえば，ウィスコンシン州は知事が民主党，上院議員が共和党，ジョージア州では知事が共和党，上院議員は民主党の候補が選出された。これは，この中間選挙ではこれらの州の有権者が，実績のある比較的中道・穏健な候補を選好し，投票先を意識的に分けたためと分析されている。

連邦議会議員選挙においては，共和，民主両党だけでなく，無所属あるいはその他の政党からの立候補や投票も可能であるが，アメリカにおいていわゆる第三党が台頭することは容易ではない。その背景には，どの州においても有権者登録から予備選，本選に至るまで，二大政党制に基づいた制度設計がされており，その他の政党・候補の当選する余地が大きくないことが挙げられる。アメリカでは州により予備選挙の制度も異なり，政党の組織力が分散される傾向にある。そのため二大政党のような資金力や各州の組織もない場合，予備選，本選を勝ち抜くことは容易ではない。過去には，「人民党（Popular Party）」や「禁酒党（Prohibition Party）」が 19 世紀後半から 20 世紀初頭に活動したこともあったが，その勢力は長くは続かなかった。現在もメイン州のアンガス・キング（Angus King）上院議員，バーモント州のバーニー・サンダース（Bernie Sanders）上院議員のように「無党派（無所属）」として当選する議員もいるが，数は多くない。

(4)　投票・開票の方法

最も一般的な投票方法は，選挙日当日に投票所に出向き投票することである。投票所は，地元の小学校，コミュニティーセンター，体育館，教会，市役所等に置かれている。そのほかにも期日前投票や不在者投票，郵便投票を行うことができる。また，州によっては州内各地に投票箱（ballot drop box）を投票日前から設置し，投票を受理するところもある。

投票に際し，運転免許証等の身分証明書の提示を求める州もある。選挙の不正防止を理由に，身分証の提示を求める州が近年増えているが，こうした条件を付すことは投票の権利を阻害すると批判されることも多い。それは1960年代の公民権運動以前，有権者登録の際に識字能力の確認や納税の有無（とくに人頭税（poll tax）の納付）を確認することで，事実上アフリカ系アメリカ人の選挙権の行使を阻害していた歴史的経緯による。

一般的には，選挙の不正防止のための各種の条件を付す主張をする意見は保守系・共和党支持者に多く，反対する意見はリベラル・民主党支持者に多いとされる。この点につき，公民権運動以降，アフリカ系アメリカ人をはじめとするマイノリティーからの支持を得てきた民主党側が制限に反対し，マイノリティーからの投票を十分期待できない共和党側が制限の導入を主張するという説明がされることもある。ただし，最近ではアフリカ系アメリカ人やヒスパニック，アジア系といったマイノリティーにも共和党支持者が増えているとも言われ，類型的に判断することは必ずしも適当ではない。

郵便投票では，封をした投票用紙を郵便で送付し，選挙管理委員会が受領し開票する。投票箱（ballot drop box）は，選挙期間中に投票用紙を投函する

写真 6-1　投票箱（ballot drop box）の例

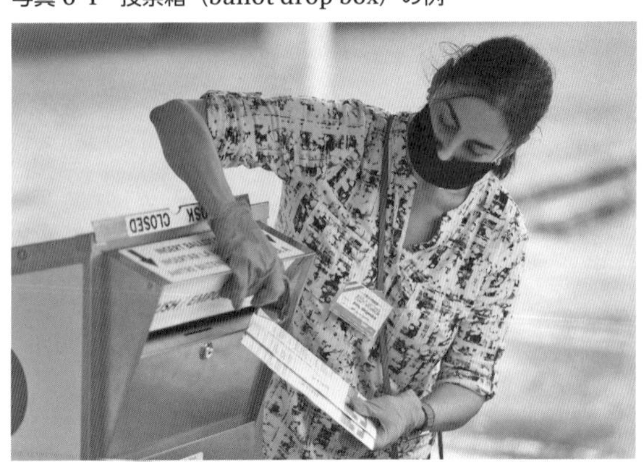

AFP＝時事

ためだけに設置される大型の箱である。投票箱は，駅やバス停等の公共交通機関や図書館，コミュニティーセンター等の人が集まりやすい場所の前の路上に置かれ，選挙管理委員会が投票用紙を回収し，集計する。アメリカには広大な州もあり，投票所に出向く交通手段を持たない有権者もいるため，こうした手段を講じて投票を促しているともいえる。また，アメリカ国内の郵便事情が良くないことから，郵便での投票はせずに投票箱を使いたいと考える有権者もいる。コロナ禍では安全・効率的な投票方法として採用された例もある。ただし，投票箱を利用する場合，対面での本人確認等ができないことから不正投票を招くと批判する向きもある。実際に不正が行われたり，選挙の信頼性が損なわれたという事例は少ないものの，一部の州では最近その実施が見直される例も見られる。こうした投票箱の設置への反対に対しても，上述の投票時における身分証の提示の要件と同様に，投票の権利を妨げるとの批判が強く，現在も政治的な論争の的となっている。

選挙の投票所の運営や開票作業の管理は各自治体の選挙管理委員会が行い，結果については最終的に各州が責任を持つが，全米各州の投票結果が最終的に確定するのには時間がかかる。その背景には，広大な国土と地域ごとの時差だけでなく，各州によって異なる選挙制度がある。まず，投票内容が各州によって異なっており，上下院選挙の候補者名だけでなく，同日に行われることの多い州議会選挙や住民投票等の実施内容も各州・選挙区によって異なる。また，投票時間も各州で異なっているのに加え，アメリカ本土だけでも東西3時間の時差があり，アラスカ，ハワイ州等はさらに異なる。

開票作業についても，選挙日当日の投票所での投票に加え，郵便投票，期日前投票もあり，それぞれ開票に要する時間が異なる。州によっては，郵便投票につき投票日の消印まで有効とし，選挙日から7日以内に到着したものも有効とするところ（カリフォルニア州）もあれば，期日前投票の開票作業が投票締め切り後に開始する州（ニューハンプシャー，ノースダコタ，サウスダコタ州）もある。そのため，11月の選挙日当日や翌日の未明にすべての州で結果が判明することはない。アリゾナやカリフォルニア，アラスカ州のように選挙後1週間を経ても最終的な結果が確定しない州もある。

投票方式についても，マークシート記入と光学のスキャン方式を経た読み取り（投票）という方式が増えているが，投票や読み取りに使う機器も州によって異なる。2000年の大統領選挙では，フロリダ州の投票機器（投票用紙に穴をあけ，読み取る方式）に不備があったとして，選挙結果が最高裁判所まで争われた。2020年の大統領選挙の際にも，一部保守派から大統領選挙の開票作業に不正が行われたとの主張も繰り返されたことから，投票方法・方式に対する関心は高い。

3　選挙区区割りの実際——ゲリマンダリングと規制

(1)　ゲリマンダリングの由来と展開

アメリカの選挙，とくに下院議員選挙においては，選挙区の区割り（redistricting）が選挙の帰趨に影響を与え，論争の的となることが多い。それは，共和，民主党のいずれもが自らに有利になるように選挙区の区割りを行おうとするため，区割りの恣意性が問題視されるからである（上院は州全体が1選挙区となるため，区割りの問題は基本的に発生しない）。

ゲリマンダリング（gerrymandering）は，選挙区を自らの陣営に有利に区割りするアメリカの選挙に特徴的な手法である。過去の連邦裁判所の判断で，差別を助長すると見なされた一部の例については憲法違反とされたこともあるが，一方の党派を有利にする区割りそのものは禁じられていない。

ゲリマンダリング（英語の発音は「ジェリ」マンダリングに近い）は，19世紀初頭のマサチューセッツ州知事のエルブリッジ・ジェリー（Elbridge Gerry）の名前に由来する。同知事は，州議会選挙を自らの政党（当時の民主共和党）に有利にするために州内の選挙区の区割りを変更し，その区割りの地図がトカゲの一種であるサラマンダーの姿に似ていたことから，「ジェリー」の「サラマンダー」から「ジェリマンダリング」という造語となった（→図6-2）。

選挙区の区割りを自らの政党に有利に行う試みは1789年の連邦議会成立当初から行われていたと言われる。建国の父の一人であるパトリック・ヘンリー（Patrick Henry）（その後バージニア州知事を務める）は，第1回の連邦議会選挙において，政敵であるジェームズ・マディソン（第4代大統領）を負けさせるためにバージニア州内の選挙区を分割

図 6-2　ゲリマンダリングを示す風刺画
（1812 年にボストン地元紙に掲載）

しようとしたとされる（ただし，マディソンは合計 4 期下院議員に選出された）。

ゲリマンダリングは，選挙区内の住民の政党支持だけでなく，人種等の様々な社会的背景を考慮して行われてきた。人種を差別する区割りは，1965 年の投票権法（Voting Rights Act of 1965）の成立以降違憲と判断されることが多いが，特定の政党を有利にするための区割りについては必ずしも違憲と判断されていない。裁判所は，区割りの問題は立法府によって決定されるべき司法判断に向かない政治的問題（non-justiciable political question）であるとし，判断を控えることも少なくない。また，最近の連邦裁判所の保守化の傾向も受け，2019 年の事案（*Rucho v. Common Cause, Lamone v. Benisek*）では，政治的理由によるゲリマンダリングは連邦裁判所の管轄ではないと判示した。

実際のゲリマンダリングは，選挙区内の特定の政党支持層や住民を異なる選挙区に分割し，候補の当選可能性を低くする「分割（cracking）」と，特定の支持層を一定の選挙区に集約し，他の選挙区における影響力

図 6-3　ゲリマンダリングの手法

以下の模式図では，人口 40（支持政党勢力比の内訳：黒 25，白 15），議席数 5 の架空の州があると想定し，実際の勢力比に近い「中立」と，黒を有利に区割りする方法，白を有利に区割りする方法を例示した。

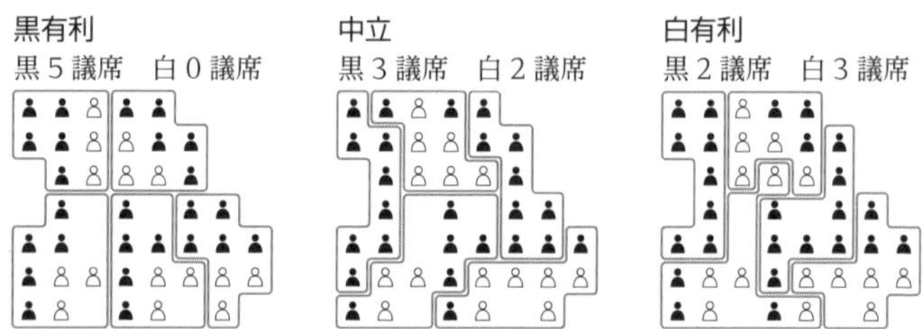

解説：黒有利の区割り（左図）では，白は「分割」され，全て死票となった結果，黒が 5 議席を独占する。中立（中央の図）では実際の 2.5 対 1.5 の勢力に近い 3 議席，2 議席の配分となる。白有利の区割り（右図）は黒が 2 議席に「集約」された結果，白が 3 議席と多数を占め，実際の勢力以上の議席を取ることになる。

（→図 6-3）が拡大しないようにする「集約(packing)」の二つの手法を併用して行われる。

(2)　区割りの背景事情と最近の傾向

このような恣意的な区割りが可能となる理由は，州内の選挙区の区割りが各州によって決定可能で，多くの場合，州議会の多数党が自らに有利なように線引きを行うことができるためである。州によっては政党から独立した中立的な区割のための委員会が設けられていることもあり，そのような場合には相対的に恣意性の少ない区割りがなされることもある。そのような場合であっても，死票を少なくする観点からの区割りが政治的に中立的であるか（結果として一方の政党を有利にするのではないか）との批判は存在する。

最近の区割りの傾向としては，全国的に都市部に民主党支持者が集住し，郊外に共和党支持者が多い傾向を反映し，上述の「分割」と「集約」が行われることが多い。共和党優勢（南部・中西部），民主党優勢（東西沿岸部）が鮮明になりつつある中，ゲリマンダリングがさらに現状を固定化させるとの批判も強い。接戦となる選挙区の数も減っており，州内の区割りはより重要性を増している。

その一方で，アメリカにおいても人口分布に変化が見られ，郊外から都市部への流入，西部から南部・南東部への人口移動が見られる（カリフォルニアからテキサス州，ニューヨークからフロリダ州等→第1章3 (1) 参照）。また多くの郊外では人口減少と都市部への移住が見られるところ，区割りをする上では常に人口動態と政党支持，各種世論の動向を把握していなければならない。

4　選挙運動と選挙資金

(1)　選挙運動――選挙陣営と活動内容

上院・下院選挙ともに，予備選を経て本選を勝ち抜く方式であることは，基本的に各州共通している。本選で共和党，民主党の候補が争う場合，それぞれの政党が選挙運動の資金や人員を支援するが，予備選では多くの場合，候補者自身が選挙陣営を整え，資金を集めることになる。そのため，選挙戦では候補者の知名度や支援組織，有力な支援者等の存在が重要となる。

上院，下院の候補者は，事前に支持が期待できる団体や支援者等を一定程度確保すべく，事前に出馬の可能性を調査・打診することも珍しくない。とくに上院議員選挙については，選挙区は1州に留まるものの，動員される資金・人員は全国規模になることから，勝てる候補（electable）を選ぶことも重要であり，候補者の特定も慎重になる。したがって，候補者もできる限り多くの団体（労働組合や企業・業界団体等）の支持を得るように努める。こうした団体からの支持は，選挙戦（予備選・本選）におけるボランティアの動員等にも影響することから，重要な意味を持つ。

選挙の支持の呼びかけは，個別訪問，電話での呼びかけ，小規模・大規模な集会，テレビ，インターネット広告等幅広い形態をとる。選挙戦における候補間の公平性の確保といった要件はないため少しでも多くの資金を集め，選挙の運動員（ボランティア等）を確保して有権者に働きかけた方が当選につながるため，競争は熾烈を極める。選挙のための世論調査を行うコンサルタントや地元の大学等もあり，選挙に一定の影響力を持つ。各陣営は有権者の関心事を把握するだけでなく，その問題関心にアピールできるようなメッセージを出すために，コンサルタントを雇用するなど様々な手段を講じる。また，相手候補の問題点やスキャンダルを把握してメディアに報道させたり，テレビ，インターネット広告を駆使して，相手候補の問題点を有権者に周知するネガティブ・キャンペーンも（泥仕合に近い意味で mudslinging と呼ばれることもある），アメリカの選挙の特徴の一つである。

上院選挙，下院選挙の本選になると共和党，民主党の選挙対策委員会も全面的に関与し，候補者を支援することになる。上院では共和党は共和党上院選挙対策委員会（NRSC），民主党は民主党上院選挙対策委員会（DSCC）が中心となり，下院ではそれぞれ共和党下院選挙対策委員会（NRCC），民主党下院選挙対策委員会（DCCC）が選挙支援を行う。選挙支援は各陣営への資金の提供や選挙情勢の分析・助言，有権者登録や投票呼びかけの支援，運動員（ボランティア）の動員・派遣等広範囲にわたる。

現職の大統領が選挙の応援に出向くこともある。大統領が公務として各地を視察し，現職の連邦議会議員がその場に同席することは，各種政策の実績を現職議員がアピールする機会とも捉えられている。また，大統領や副大統領が選挙前に国内各地の重要と考えられる選挙区や州を訪問し，特定の候補の応援をすることもある。

退任した大統領は伝統的には政治・政策に直接関わらないことが多い。ただし，最近ではトランプ大統領当時にオバマ前大統領が積極的に選挙支援を行い，2018 年の中間選挙では各地で候補者支援の演説を行った。トランプ前大統領は退任後も活発に政治的な発言を行い，2022 年の中間選挙でも特定の候補を共和党内の予備選の段階から支持し，遊説にも参加した。

連邦議会選挙では現職の再選率が高い。これは知名度や実績等が有利に働く傾向にあるためであるが，最近の選挙では 9 割以上の確率で現職が再選されている。実際，2022 年の中間選挙では，上院選挙では再選を目指した 29 名の候補が全員当選した（これはワシントン DC の常識でも稀な例といわれている）。下院についても 435 議席中 367 議席で現職が再選を目指したが，落選したのは民主党 6 名，共和党 3 名に留まる。

現職は再選に有利であるが，現職議員のスタッフは選挙戦には関与できないため，選挙には独立した陣営を設け，スタッフを雇用することになる。これは現職議員の地位，事務所等の施設や人員を選挙のために利用してはならない旨の倫理規定があるからである。実際には議員スタッフが上司の議員あるいは支持する政党の他の候補の選挙の支援を行うこともある。ただし，その場合は休暇を取得するなど，現在の職務とは独立した形で行う必要がある。

(2)　選挙資金——使途と規制

アメリカの選挙は，個別の上院・下院選挙でも 1 億ドル単位の資金が投入されるものもある。2022 年の上院選挙で高額な選挙戦の上位5位を挙げれば，ジョージア（決選投票まで行われた）が4.3億ドル，ペンシルバニアが4.1億ドル，アリゾナ2.5億ドル，ウィスコンシン2.2億ドル，オハイオ州2.2億ドルである。下院での上位5位は，バージニア7区（4181万ドル），カリフォルニア47区（4151万ドル），テキサス28区（4093万ドル），ミシガン7区（4068万ドル），オレゴン6区（3053万ドル）である。これらはいずれも共和党，民主党の支持率の差が僅差の接戦州・選挙区である。アメリカの選挙費用は年々高額になっており，その金額はアメリカ人の有識者や議会関係者も驚くほどである。

アメリカの選挙資金は主に連邦法によって規制されている。選挙資金規制の必要性は1900年代から指摘されてきたが，包括的な規制は1971年の連邦選挙活動法[Federal Election Campaign Act]（FECA）まで存在しなかった。これにより，各候補の選挙資金の情報開示，選挙資金に関する政党や政治活動委員会[Political Action Committee]（PAC）の活動に関するルールが定められた。しかしながら，選挙資金を規制する中央当局が存在せず，実効的な規制が実施できないとの批判も残った。FECA制定直後の1972年の大統領選挙の際に多額の秘密献金等が行われた等の問題が指摘され，より強固な規制を求める意見が強まった。その結果1975年に設置されたのが連邦選挙委員会[Federal Election Commission]（FEC）である。

FECは大統領選挙，上下院選挙等の連邦選挙における選挙資金の情報開示や政党，政治活動団体等による選挙資金の使途の制限をはじめとする法の履行を確保する。選挙資金については，FEC以外にも非政府団体（NGO）等の献金を税制面で監督する内国歳入庁[Internal Revenue Service]（IRS）も規制当局として関与する。1971年のFECAは，2002年のいわゆるマケイン・ファインゴールド法（正確にはBipartisan Campaign Reform Act: BCRA. 超党派選挙改革法）により拡充強化された。しかしながら，選挙資金規制は憲法上保証された表現の自由を不当に制限するとの主張も根強く，その後の連邦最高裁判所の判決（*Citizens United v. FEC*）により，選挙資金団体（いわゆるスーパーPAC）に対する規制が禁じられるなど，規制内容が徐々に緩和され，現在に至っている。

現在の選挙資金規制の下では，候補者自身が献金を募り，選挙資金を集める方法以外にも，政治活動委員会（PAC）とスーパーPACと呼ばれる政治活動団体を通じた選挙資金の支援が存在する。候補者に対する個人，団体等の献金は，少額（50ドル未満）のものを除き，情報開示の対象となる。また，個人・団体による候補への献金には上限が設定されている。労働組合や企業・業界団体等は，候補に直接献金することが認められておらず，自らPACを設立して支援することになる（したがって，組合や団体は選挙支援を行うためにPACを設立することが多い）。

PACは個別の候補に対する選挙資金の支援を行うことが多いのに対し，スーパーPACは個々の候補の支援ではなく，接戦または重要と考えられる選挙区・州におけるテレビ，インターネット広告や選挙動員への支援全般を行う。スーパーPACは正式には，独立支出（independent expenditure）と呼ばれ，特定の候補者の当選・落選を呼びかける発信のために用いられる支出を指す。スーパーPACは候補の陣営や政党と連携していないいわば「勝手連」のようなものと位置づけられる（連携していないことをもって「独立（independent）」であると考えられる）。このスーパーPACの資金の供与には上限がないため，選挙においては大口の献金・支援者が多額の支援を行うこととなる。上院・下院選挙の接戦州では，大量のテレビ広告が放映され，その多くは対立候補を批判・攻撃するネガティブ・キャンペーンである。こうしたテレビやインターネット広告の多くは，スーパーPACからの資金によるものである。

(3)　大統領選挙と中間選挙の関係

大統領選挙は4年に1回（4で割り切れる西暦年）開催され，同時に上院議席の3分の1と下院の全議席が改選される。その合間の偶数年に中間選挙が開催され，同じく上院の議席の3分の1と下院の全議席の選挙が行われる。選挙に関連して，アメリカの政治の世界では，「The world is run by those who show up.（世界はその場に現れる人によって形作られる）」という表現がしばしば使われるように，選挙は投票の有無が全てであり，動員がカギであるとの説明がよくなされる。そのため各政党は，有権者登録と期日前投票，そして選挙当日の投票を呼び掛ける活動（一般に Get out the vote（GOTV）と呼ばれる）に多くの資金と人員を割く。

一般に，大統領選挙のある年に行われる連邦議会選挙の投票率の方が高く，中間選挙では選挙の動員が容易ではないといわれる。第二次世界大戦後では，大統領選挙の投票率は50% から70% 弱の間を推移しているが，中間選挙は40% 弱から50% の間に留まる。その理由については，中間選挙は大統領選挙ほど有権者の関心や熱意が高まらないためと言われている。一方で，2018年の中間選挙では，当時のトランプ大統領に批判的な投票が集まり，過去最高の49% の投票率を記録した（結果は，下院は民主党が大幅に議席を増加させたものの，上院では共和党が議席を増やしている）。2022年の中間選挙も2018年に次ぐ歴代2位の47% の投票率となった。その理由として，2021年1月6日の連邦議会襲撃事件に対する批判的な見方や同年6月の連邦最高裁判所による人工妊娠中絶に関する判例の見直しに危機感を持った若者の投票率が増加したことを挙げる見方も多い（→図6-4参照）。

中間選挙は伝統的に，大統領を選出した政党に対し，有権者が大統領就任後2年間の政権運営を採点・評価する機会と位置付けら

図 6-4　大統領選挙，中間選挙の投票率（2000 年以降）

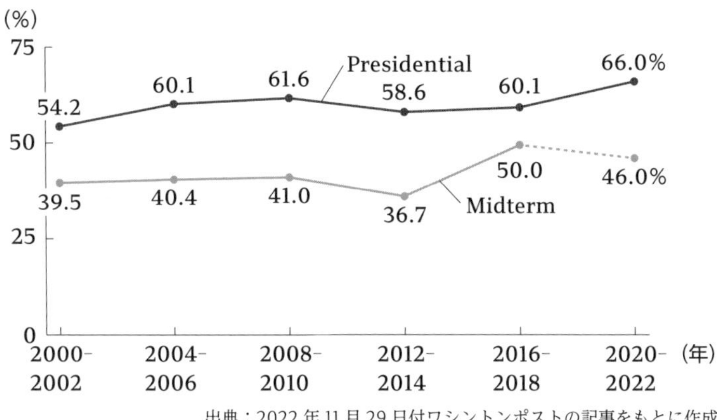

出典：2022 年 11 月 29 日付ワシントンポストの記事をもとに作成

れる。そのため大統領と所属政党に批判的な見方が出る傾向があり，その政党が議席を失うことが多い。中間選挙で，大統領を輩出している政党が上下院のいずれでも議席を増やした例は，過去 100 年間では 1934 年のルーズベルト大統領当時（ニューディール政策への支持が強かった），1998 年のクリントン政権当時（弾劾裁判を含む共和党の議会運営への批判が強かった），2002 年のブッシュ政権当時（2001 年の同時多発テロ後の政権への支持が高かった）の 3 回に留まる。

中間選挙の結果は，連邦議会内の勢力分布を変え得ることから，大統領の残りの任期 2 年間の政権運営を容易または困難にするだけでなく，次の大統領選挙にも影響を及ぼす。大統領の所属政党が大きく議席を失い，大統領が議会との関係で困難に直面する場合は，政権運営や実績に批判が集まり，大統領の再選や後任候補にも影響を及ぼす。反対に，大統領の対立党の議会運営が批判される場合，その政党の大統領選候補に否定的な評価が集まるおそれもある。したがって，中間選挙は投票率や選挙資金等の面では大統領選挙の年の選挙ほど注目されないものの，政党・政治関係者は劣らず重視している。

5　大統領選挙

(1)　大統領選出人を通じた間接選挙

大統領選挙の構造

大統領選挙は，アメリカ国民の直接投票ではなく，各州で選ばれる大統領選出人（electors）（大統領選挙人と訳することもある）による投票を通じた間接選挙の形をとる。合衆国憲法第1条第1節は，各州が「上院議員および下院議員の総数に等しい数の選出人を選出」する旨定めている。同条はまた，大統領選挙につき，選出人の投票先と得票数をリストに作成し，署名・認証の上，封印し，上院議長宛てに送付し，上院議長が投票数を算定し，大統領を選出する旨規定する。憲法は，連邦議会が大統領選出人を選出する時期や投票を行う日を決定でき，投票日は合衆国中同じ日でなければならない旨規定しているところ（第2条第1節），大統領選挙の日は前述のとおり11月の第一月曜日の次の火曜日となっている。この選出制度を一般に大統領選出団による選挙制度（electoral college）と呼ぶが，憲法上，electoral college という語は用いられておらず，あくまでも制度の通称である。

大統領選挙に当たり，各州では各政党が事前に選出人を選ぶ。各政党は予備選を開催し，それぞれの党が本選で支援する候補者を特定する。11月の本選では，共和，民主党のいずれの得票数が多い候補の所属する政党が，各州の選出人の全員の票を得ることになる（いわゆる「勝者総取り（winner-takes-all）」）。有権者は一見すると大統領候補に投票しているが，制度上は大統領選出人を選んでおり，候補への投票は選出人に対して誰に投票するか指示を与える行為ともいえる。このように有権者が候補者に投票することを有権者投票（popular vote）と呼び，大統領選出人団（electoral college）を通じた選出と区別する。

紛糾した過去の大統領選挙

過去の大統領選挙では，有権者投票でより多く得票した候補が敗れた例も５回存在する。1824 年にはアンドリュー・ジャクソン（Andrew Jackson）がジョン・クインシー・アダムス（John Quincy Adams）に敗れ，1876 年には民主党のサミュエル・ティルデン（Samuel J. Tilden）が共和党のルザフォード・B・ヘイズ（Rutherford B. Hayes）に，1888 年には現職大統領のグローバー・クリーブランド（Grover Cleveland）が共和党のベンジャミン・ハリソン（Benjamin Harrison）に敗れている。最近では 2000 年の大統領選挙でアル・ゴア（Al Gore Jr.）がジョージ・W・ブッシュ（George W. Bush）に敗れ，2016 年にはヒラリー・クリントン（Hillary Rodham Clinton）がドナルド・トランプ（Donald J. Trump）に敗れた。

1824 年の大統領選挙は異例の展開をたどり，アダムスは有権者投票でも選出人団による選挙のいずれでも過半数を得ておらず，憲法修正第 12 条に基づく下院での選挙（contingent election）により選出された。1876 年の大統領選挙も南北戦争後の対立が収まらず，各地の選挙で暴力沙汰が発生し，選挙も紛糾した。民主党のティルデンが有権者投票で優勢で，大統領選出人も過半数に迫ったものの，一部州の結果が確定しなかった。そのため 1877 年に選挙委員会（electoral commission）を設立し，協議を行った。共和党側はヘイズを勝たせるために，共和党側が南部に駐留していた連邦軍を撤退させることで妥協が成立した。この「1877 年の妥協」により南北戦争後の復興時代は終了するとともに，南部での奴隷解放後のアフリカ系アメリカ人の地位向上が後退していった。

2020 年の大統領選挙では，選挙結果に不満を持つトランプ候補の支持派が，上述の合衆国憲法に規定される上院議長（副大統領）によるバイデン候補当選の認証を阻止しようとした。その結果発生したのが，2021 年１月６日の連邦議会襲撃事件である。

図 6-5 2024 年大統領選挙における大統領選出人の配分

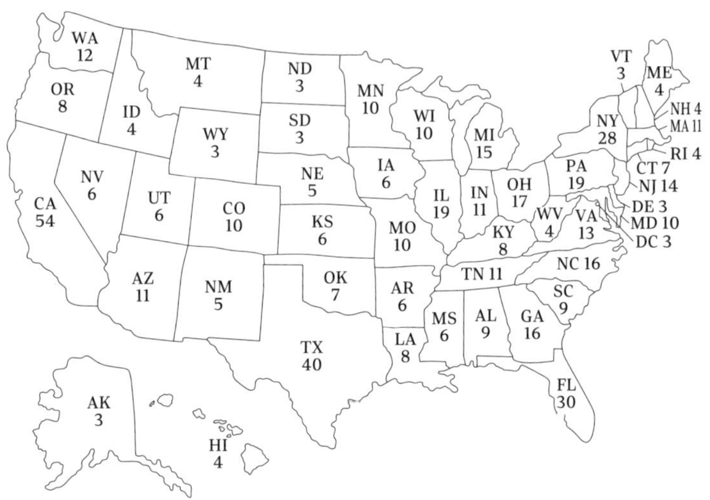

予備選から本選への流れ

大統領選挙に当たり，共和，民主両党は，選挙の前年から出馬を表明した各候補を，予備選を通じて絞り込み，選挙の年の半ばに開かれる党大会で候補を一本化する。11 月の本選で有権者は，上述のとおり各州で大統領選出人を選ぶことになる。各州の上院議員（100 名）および下院議員（435 名）の合計にコロンビア特別区（ワシントン DC）の 3 票分も加えた合計 538 名の大統領選出人が，大統領を選出することになる（→図 6-5。コロンビア特別区への 3 票の配分は，1963 年の憲法修正第 23 条により認められた）。各州で「勝者総取り」により選出人の票を獲得するため（メイン，ネブラスカ州のみ得票数を比例配分），カリフォルニア，フロリダ，テキサス，ニューヨーク等の選出人の多い州の帰趨が重要になる。ただし，これらの州は共和，民主党の優勢傾向がはっきりしていることもあり，選出人が 20 名以下の州も重視される。とくにペンシルバニア，オハイオ，ジョージア，ウィスコンシンといった，最近の大統領選挙，連邦議会選挙で共和・民主両党が競り合っている州の帰趨を決するために，両陣営も多額の資金と人員を動員する。

大統領選挙の選挙戦を両党で取り仕切るのが，共和党全国委員会（RNC），民主党全国委員会（DNC）である。両方とも19世紀から存在する歴史のある団体であり，大統領選挙に向け，党大会を開催し，党が指名する候補を選出することが主要な業務である。それぞれ各州の党委員会の代表と上院，下院の指導部とで意思決定を行い，党大会の準備やその後の選挙戦において中心的な役割を担う。RNCの歴代委員長は，州知事，副知事や各州の党委員会の幹部，ロビイスト等の経験者が多い。これに対して，DNCの委員長は現役の連邦議会議員や閣僚経験者等も少なくない。2023年現在のRNC，DNCの委員長はいずれも連邦議会議員ではなく，州の党委員会委員長経験者である。

(2)　大統領と連邦議会の関係（大統領の議員歴等）

大統領選挙を勝ち抜くためには，膨大な資金と人員の動員が必要であり，候補者は，その経歴や実績だけでなく，国民にアピールするメッセージや選挙戦中にトラブルが発生した際の危機管理能力など，あらゆる面でリーダーとしての資質が試される。その中でも重要な要素の一つが，3億人を超える国民への訴求力であり（2020年の人口調査では18歳以上の人口が約2.5億人，有権者登録が1.68億人），知名度・対外的な認知は重要な要素である。こうした背景もあり，第二次世界大戦後の大統領の多くは，有権者に知られる機会の多い連邦議会の上院・下院議員または州知事を歴任している。戦後の14名の大統領のうち，上下院議員の経験がある者が8名に上る。

表 6-1　歴代大統領の出身背景（第二次世界大戦後）

就任順	大統領名	任期	就任前の主な経歴
33	トルーマン	1945-53	副大統領，連邦上院議員
34	アイゼンハワー	1953-61	軍人（連合国欧州軍総司令官，陸軍参謀総長）
35	ケネディ	1961-63	連邦上院議員，下院議員
36	ジョンソン	1963-69	副大統領，連邦上院議員，下院議員
37	ニクソン	1969-74	副大統領，連邦上院議員，下院議員
38	フォード	1974-77	副大統領，連邦下院議員，弁護士
39	カーター	1977-81	ジョージア州知事，農業（ピーナッツ）
40	レーガン	1981-89	カリフォルニア州知事，俳優
41	ブッシュ（父）	1989-93	副大統領，CIA 長官，国連大使，連邦下院議員
42	クリントン	1993-2001	アーカンソー州知事，弁護士
43	ブッシュ（子）	2001-09	テキサス州知事，実業界（石油業）
44	オバマ	2009-17	連邦上院議員，州議会議員
45	トランプ	2017-21	実業界（不動産等）
46	バイデン	2021-現在	副大統領，連邦上院議員

出典：筆者作成

4名は州内および全国でも知名度が高まる州知事経験者であり，連邦議会議員，州知事のいずれも経験せずに大統領に就任しているのは，軍人出身のアイゼンハワー大統領と実業界出身のトランプ大統領の2名しかいない（→表 6-1 参照）。建国までさかのぼると，歴代46名の大統領の中，19名が下院議員を経験し，17名が上院議員を経験して大統領に就任している。上下両院の経験があるのは10名であり，アダムズ（1825-29 在任）大統領のみが大統領退任後，1831年から死去する1848年まで下院議員を務めた。

また，大統領職にあっては，政権にとって重要な法案・予算や政策を実現する際に連邦議会との調整が不可欠となる。そのため，連邦議会の中でも定員が少なく，個々の議員の果たす役割と議員間の人間関係が重視される上院議員としての経験は，大統領職においても大きな意味を持つとされる。連邦上院議員を経て初めて大統領となったのは，ハーディング（1921-23在任）大統領と比較的最近に過ぎない。しかし，戦後を見ると14名の大統領のうち，6名が上院議員経験者である。その中でもジョンソン大統領は，上院院内総務も経験し，議会対策に秀でていたとされる。1964年の公民権法の成立等は，アフリカ系アメリカ人の社会統合と選挙権の確保に消極的な南部諸州の民主党上院議員（ジョンソン大統領自身もテキサス州選出の民主党上院議員であった）に対する大統領自身の説得と，議会運営に対する深い知識が大きな役割を果たしたと言われている。

コラム　多言語の投票用紙がある理由

アメリカは多民族国家であり，選挙の投票用紙も多言語で書かれていることが多い（→写真6-2参照）。これは投票権法（Voting Rights Act）において，州およびその下部の行政区分において，一定の人口以上が少数言語を話し，選挙に参加する上で十分な英語の能力がないと判断される場合には，その少数言語による投票ができるようにしなければならない旨定めているためである。具体的には少数言語の話者が，当該行政単位において有権者数の1万人以上であるか，有権者人口の5%以上であるか，インディアン（アメリカ先住民）居留地の人口の5%以上のいずれかであって，十分な英語能力がない場合である。

このような制度となっているのは，本文で説明しているとおり，識字能力等を理由として選挙権の行使が実質的に阻害されていた歴史があったためである。投票権法で求められているのは，投票用紙だけでなく，有権者登録をはじめ，選挙の案内等を多言語化することも含む。多言語化の対象

写真6-2　多言語の投票用紙の例

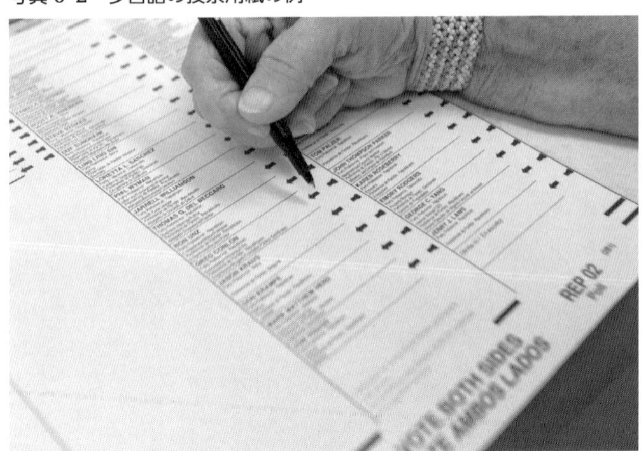

UIG/時事通信フォト

は，歴史的な経緯により政治参加ができなかった人々の言語である。具体的には，アメリカインディアン（先住民），アジア系アメリカ人，アラスカ先住民およびスペイン語系市民となっている。

自治体によっては，連邦法に基づく人口基準を満たさない場合や翻訳対象外の言語であっても，多言語化の投票用紙等を準備するところもある。例えば，イリノイ州のクック郡では人口の35%が家庭で英語以外の言語を話すと言われている。連邦の基準では中国語，ヒンディー語，スペイン語での投票用紙の準備が必要となるが，2020年以降は自治体の条例により独自に他の言語の翻訳も行っている。その対象はアラビア語，グジャラート語（インド西方地域の言語），韓国語，ポーランド語，ロシア語，タガログ語，ウクライナ語，ウルドゥー語に及ぶ。クック郡では郡内に話者が1万3000人以上いる母語については投票用紙をその言語で用意すると規定している。

日本にいると，アメリカ市民であれば英語が十分話せるはずであると思いがちであるが，それほど単純ではない。アメリカの市民権を得る際には一定の英語能力が必要とされるが，高齢者は免除される場合もある。また，アメリカの選挙で使用される投票用紙は，候補者の名前に印をつける簡単なものだけではない。大統領選挙，連邦選挙の投票だけでなく，自治体の公選ポスト（州知事から州議会，検事，市長，教育委員会のメンバー等）や，請願によって実施が決められる様々な住民投票への賛否が列挙されている大部になるものもある。実際，英語を母語としている人でも，投票の指示が煩雑で理解しにくいと言う人もいる。とくに地元の自治体等の候補者，住民投票の具体的な内容や投票がもたらす影響については，投票前に十分予習しなければならず，投票所ですぐに決められないものが多いと口にする人が少なくない。

アメリカ国内でも多言語化に反対の論陣を張る保守系の有識者等もいるが，公民権運動の歴史や移民で構成される社会の現実を考えれば，広範な支持を得るには至っていない。毎年多数の移民が入国し，その後アメリカ市民となる人が多い中，多様な背景を持つ人々の政治参加を確保することも，アメリカの政治の重要な側面の一つである。

■ 第7章

歴史の中の連邦議会

1 はじめに

連邦議会において，上下院がそれぞれ明確に異なる役割を与えられ，両者の合意形成が容易でない制度が意図的に設計されたのは，権力の集中や多数派による圧制を防ぐという，アメリカ建国当時の考えが色濃く反映されたためである（→第1章2参照）。上院議員の選出方法の変化（→第1章2（2）参照）や下院の議席・選挙区の区割りの方法（→第6章3参照）も，アメリカの領土拡大や党派対立の歴史の産物である。そして女性の参政権獲得や公民権運動を巡る立法や政党の活動は，現在の連邦議会における人工妊娠中絶や性的少数者（LGBTQ）の権利擁護等の議論にもつながっている。

200年以上前に設けられた議会制度と運営方法は現代に不適当との批判はアメリカ国内にも存在する。女性参政権は建国当初の議会の前提に基づくものではなく，公民権運動も制度の変革を求めて行われた。その一方で，現在でも建国当初の理念に基づく憲法解釈や議会運営を擁護する主張も根強い。銃規制に反対する意見や，各州の裁量を重視し，連邦政府の権限を抑制する考えはその一例である。そのため，建国以来の連邦議会の歴史的展開や種々の制度の経緯等を知っておくことは，大きな意味がある。とくに連邦議会が，南北戦争の前後や第一次世界大戦後の国際秩序，戦後の公民権運動やベトナム戦争，9.11同時多発テロ等の歴史的な節目で果たした役割にも留意する必要がある。

本章では，連邦議会の制度を知る上で有意義と考えられる，アメリカの政治・経済・社会の歴史的な展開を連邦議会との関係を中心に概観する（→2～4）。またオバマ，トランプ，バイデン政権を特徴づける議会との関係についても説明を試みる（→5）。

2　憲法創成期の理念と議会の変容

(1)　連邦重視派と州権重視派の対立

アメリカ建国当初，13 の植民地は個別に独立を宣言し，独立した各州(State)の緩やかな連合体がアメリカ合衆国であった。イギリスから独立した経緯もあり，中央集権的な国家形成に警戒感を持つ指導者も少なくなく，当初は連邦政府の権限を制限的に考える意見が大勢であった。合衆国憲法に列挙された議会の権限が，細かすぎると思われるほど網羅的に書かれているのも，連邦政府（議会）がそれ以外の権限を行使しないように制限する意図があったと言われている。

アメリカの国家像を巡る初期の政治的な対立は，強固な連邦政府の必要性を訴えるフェデラリスト(Federalist)と，各州の主権を重視する反フェデラリスト(Anti-federalist)の主張に見られる。フェデラリストは，建国の父の一員でもあるアレクサンダー・ハミルトン(Alexander Hamilton)，ジョン・ジェイ(John Jay)，ジェームス・マディソン(James Madison)から成り，フェデラリスト・ペーパーズと呼ばれる一連の論文集を出版し，権力の分立とチェック・アンド・バランスによる連邦政府の機能，そして合衆国憲法制定の必要性を論じた。これにより，欧州の君主制にはない共和制に基づく国家像が示され，憲法制定後の連邦議会運営を通じ，大統領・行政府，司法府との関係と役割が具体的に定まっていった。

その初期の例として 1804 年のチェイス(Samuel Chase)最高裁判事の弾劾裁判が挙げられる。反フェデラリストであり，民主党（Democratic Republican Party）を設立したジェファーソン第3代大統領の当時，民主党が多数を占める連邦議会は，フェデラリストであったチェイス判事の弾劾裁判を主導した。しかし裁判では，民主党の上院議員も複数名が無罪と判断した。これは，審議体としての上院が機能し，政治的な信条が異なる裁判官であっても排除せず，司法府の独立を尊重する契機となった例とも評価される。

また，建国後の国家形成に関し，連邦議会内では，工業化を進めて欧州諸国に対抗できる国を目指す意見と農業国としての発展を企図する意見に隔たりがあった。アメリカ国内の産業の発展を目指す者は北部州に多く，高い輸入関税を設定し，産業の保護育成を重視した。これに対し，綿花等の農産品の輸出を重視する南部の関係者は，綿花貿易の支障となる高い関税を課すことを好まなかった。このように関税の設定を含め対外関係を処理するための一定の権限を連邦政府に付与する必要が生じた。それが合衆国憲法に連邦議会が関税の設定に関与する規定（第1条第10節）が設けられた背景である。南北諸州は連邦が領土を拡張する過程で，立法を通じた妥協を繰り返しながら，徐々に連邦政府の機能を拡充させていった。

1820年に生じた「ミズーリの妥協（Missouri Compromise）」も南北対立の例である。アメリカの領土拡大は，割譲，買収等で得た領土を最初は連邦政府の直轄地とし，その後自治の体制が整ったところでテリトリー（Territory）（準州とも訳される）と位置づけ，さらに州として連邦に統合する手続を経て行われた。アメリカの西部拡大に伴い，ミズーリが州に昇格する際，北部諸州は奴隷制度を廃止した自由州（free state）としての連邦加入を求め，南部諸州は奴隷制度を持つ州の数が劣後することをおそれ，ミズーリの奴隷州（slave state）としての参加を期待した。最終的にはミズーリは奴隷州として連邦に参加する一方，メイン州が自由州となることで自由州と奴隷州の数の均衡を保つとともに，北緯36度30分以北に奴隷州を設けないという妥協が図られた。後述するとおり，この「ミズーリの妥協」を反故にするカンザス・ネブラスカ法が，その後の南北戦争の端緒となる。

(2)　ポピュリズムと猟官制

初期のフェデラリスト優位の下でのアメリカ政治は，1830 年代のジャクソニアン・デモクラシーの下で大きく形を変えることとなる。建国間もないアメリカは，資産を有する各地の有力者が各州を代表して統治を行う形態であり，フェデラリスト党も民主党も似た出自の者が大勢を占めていた。これに対して，立身出世を通じて政界に台頭し，1829 年に就任した第 7 代大統領のアンドリュー・ジャクソンにより，一種のポピュリズムともいえる多数派による政治が行われるようになった。ジャクソン自身は，独立当初の 13 植民地ではないサウスカロライナ出身であり，1812 年の米英戦争やアメリカ先住民への攻撃等で名を成した。ジャクソンを信奉する支持者は，反フェデラリストのジェファーソンの継承者であることを主張し，民主党（Democratic Party）を立ち上げ，中央政府の権力行使の抑制を支持した。

ジャクソニアン・デモクラシーでは，政府の重要ポストを政権支持者に配分する猟官制（spoils system）が徹底され，現在のアメリカの行政制度の基礎となった。また，一部のエリートが独占する政治への対抗心から，政府高官のポストの配分と，選挙権の拡大を通じた一般庶民（common man）による政治参加と統治を強調した。これは現在に至るアメリカ政治におけるアマチュアリズムへの肯定的な評価と権威への対抗心の源流ともいえる。

(3)　奴隷制度と連邦議会――南北戦争への道

1840年代以降も連邦の西部への拡大は続き，奴隷制度を維持する南部諸州はその数，人口，面積においてもさらに劣位になった。また，ジャクソン大統領と支持母体である民主党に反発して1834年に成立したホイッグ党（Whig Party）は，権力を強大化させる大統領に対抗し，連邦議会の権限を強化しようとするとともに，奴隷制に反対する者を多く含んでいた（ジャクソン大統領は奴隷制維持に賛成であった）。その後ホイッグ党の流れをくむ共和党が1856年に成立し，奴隷制の廃止を明確に打ち出すことになる。

米墨戦争後，カリフォルニアが自由州として連邦に参加しようとした際，再度連邦の統合に危機が訪れた。自由州が拡大することを懸念した南部諸州の政治家と奴隷廃止を主導する北部の政治家が対立し，「1850年の妥協」が成立した。この妥協は，一連の連邦法の策定を通じて成立し，カリフォルニアを自由州として連邦に編入する一方，ユタとニューメキシコについては住民の判断に委ねることとした（両テリトリーは結果的に奴隷制を維持した）。同時にワシントンDCでの奴隷取引を禁止する一方，1850年の逃亡奴隷法（Fugitive Slave Act of 1850）を制定し，逃亡奴隷の送還を促すこととなった。

南北戦争の契機の一つは，1854年のカンザス・ネブラスカ法の成立である（→図7-1参照）。同法を主唱したスティーブン・ダグラス議員（イリノイ州選出）は，アメリカ内の鉄道敷設を促進するために，カンザス，ネブラスカの両テリトリーの確定を進めようとした。その過程で，南部諸州の議員の支持を得るために，両テリトリーにおける奴隷制の帰趨を住民の手に委ねようとした。これは1820年の「ミズーリの妥協」を反故にするものであり，奴隷廃止論者の強い反発を招いた。同法の成立により，カンザスには奴隷制廃止と支持の両派が大量に移民し，騒擾に発展した。この流れが奴隷制廃止

図 7-1 「1854 年のカンザス・ネブラスカ法」により設定された領土

注：ネブラスカとカンザスのテリトリーの両領域は，現在のカンザス州とネブラスカ州の範囲とは大幅に異なる点に留意。

出典：議会図書館ウェブサイト

を強く主張する共和党の結成につながっていく。

南北諸州の対立は，1860 年の共和党のエイブラハム・リンカーン（Abraham Lincoln）の大統領選出により決定的となった。同年 12 月から 1861 年にサウスカロライナ，ミシシッピ，フロリダ，アラバマ，ルイジアナ，ジョージアそしてテキサスの諸州が連邦を脱退した。1861 年 4 月 12 日に，サウスカロライナ州内の連邦の軍事基地で最初の戦闘が開始した。その後まもなくバージニア，アーカンソー，テネシー，ノースカロライナ州も連邦を離脱し，これらの南部諸州でアメリカ連合国（Confederate States of America）を創設した（なお，南部諸州の上院議員で退場せず，連邦への忠誠を示した唯一の議員がテネシー州選出のアンドリュー・ジョンソン（Andrew Johnson）であり，リンカーン大統領の副大統領を務め，その暗殺後大統領に就任した）。

1863年7月のゲティスバーグの戦いの後，同年11月に慰霊碑建立のために訪れたリンカーン大統領は同地で演説を行い，連邦存続の意義を訴えた。上述のとおり，奴隷制を巡る南北諸州の対立が南北戦争の最大の原因であったが，北部諸州は必ずしも奴隷制の廃止を戦争の目的に掲げていたわけではない。北部諸州にとっては連邦の維持が最大の目標であり，開戦直後は占領した南部州での奴隷解放にも慎重であった。

内戦中，連邦議会は北部諸州の議員のみで開会されていた。議会における奴隷解放の議論は，1862年の民兵法（Militia Act）や没収法（Confiscation Act）でアフリカ系アメリカ人の北軍への参加や南部諸州で接収した財産である奴隷を解放するといった，漸進的な内容に留まっていた。奴隷解放宣言は1863年1月に署名されたが，これは戦時の限定的な措置として行われ，最終的には南北戦争終了後の1865年に連邦議会の立法により恒久的なものとして確定した。劣勢を挽回できなかった南軍のリー将軍が北軍のグラント将軍に1865年4月9日に降伏した直後の4月14日にリンカーン大統領はワシントンDCで暗殺された。

(4)　戦後復興，州の拡大と女性参政権の実現

南北戦争後，北部諸州の議員と世論は南部に対して懲罰的な姿勢で臨んだが，リンカーンの後任のジョンソン第17代大統領は南北の融和を優先し，議会と対立することとなった。そのためジョンソンは1868年に弾劾裁判に付されたが，最終的には無罪と判断された。この時は上院が弾劾を認めず，連邦議会が世論の激情に左右されない良識を発揮したと評価された。ただし，そうした肯定的な評価は長続きせず，連邦議会は1900年代初めまで，「金メッキ時代（Gilded Age）」と呼ばれる時代に自由放任主義に陥り，経済社会課題に無策であっ

たと非難されることになる。その背景には，南北戦争後の復興需要に応えるために急増した，ロックフェラー，カーネギー等の新興企業の台頭と富の集積に伴う独占の進行，政治献金等を通じた政治的な影響力の行使があった。1881 年には，共和党のガーフィールド(James A. Garfield)大統領が就任後 4 か月も立たないうちに，猟官制の便益を受けられなかったと強い不満を持った共和党支持者に，ワシントン DC 内の駅で暗殺される事件も発生した。

こうした共和党主導による一種の金権政治に対する批判として 19 世紀末に台頭したのが，第三党の人民党(Popular Party)である。人民党は，19 世紀後半から高まった労働運動や農民運動を糾合する形で結成され，既存政党への批判と農民および労働者が抱える社会問題に対する主張を展開した。人民党の活動と前後して，鉄道等の独占に対処するために定められたのが，1890 年のシャーマン法といった反トラスト法であった（ただし，その効果は限定的であった）。人民党の活動は 20 世紀初頭には停滞するが，社会問題に力点を置く政治姿勢は，既存政党への牽制となった。

20 世紀に入ると世界的な社会主義普及の影響もあり，政治参加の拡大を求める声も高まった。1920 年の合衆国憲法修正第 19 条により女性の参政権が認められたが，その背景にはアメリカの西部拡大と国際的な女性参政権の普及，そして奴隷解放運動との連携があった。

アメリカにおける女性の参政権を巡る議論は，独立当初から存在した。合衆国憲法には投票権を男性に限定する規定はなく，当初は年齢や財産の有無のみが条件とされていた。実際，ニュージャージー州では財産を保有していれば女性も投票が認められていた（その権利は 1807 年の法改正で失われた）。

女性の参政権を巡る動きは奴隷解放運動と共に高まり，奴隷制反

図 7-2　女性参政権の拡大

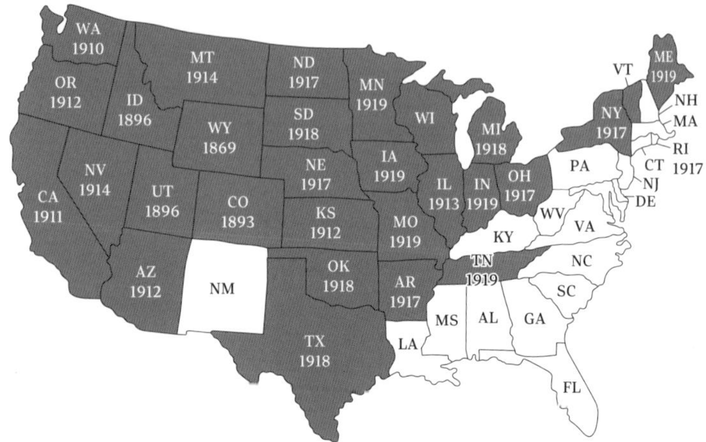

各州・テリトリーで女性参政権が認められた年（記載のない州等は 1920 年の合衆国憲法修正第 19 条発効とともに導入。）

対論者には女性も少なくなかった。1837 年にニューヨークで開かれた奴隷制に反対する女性の会合には，ルクレシア・モット（Lucretia Mott）等の女性参政権論者も参加していた。ただし，1863 年に奴隷解放宣言が発出されたものの，南北戦争後の連邦政府と連邦議会は南北融和を優先し，南部にジム・クロウ法（Jim Crow Laws）と呼ばれるアフリカ系アメリカ人の差別を固定化し参政権を阻害する法律の制定を許容した。同時に女性の参政権運動も暴力を用いて抑圧された。

連邦における女性参政権の実現は進まなかったが，西部の諸地域で女性の政治参加は前進した。1869 年にはワイオミング・テリトリーが初めて男女の普通選挙権を認め，ユタが 1870 年，ワシントンが 1883 年と続いた。コロラドが 1893 年に連邦の州として初めて女性参政権を認めたが，これらの地域では，女性参政権に反対する既存勢力が強くなかったこと背景として考えられる。ときには労働団体等も女性の政治参加を支持した。

海外における女性の政治参加も連邦レベルでの女性参政権の導入に影響があった。イギリス領のニュージーランドで1893年に女性参政権が認められ，イギリス，デンマーク，ノルウェー等が第一次世界大戦前までに続いた。1905年と1917年のロシア革命も，社会主義の台頭という側面から欧米諸国の女性の政治参加への圧力を強めた。こうした中で連邦議会は1918年に女性参政権を実現するための合衆国憲法改正の検討を開始し，1919年の上下院の承認，1920年の各州の批准につながった。

3　戦争，恐慌と孤立主義
──第二次世界大戦までの主な動き

(1)　第一次世界大戦と上院の孤立主義

20世紀に入り，アメリカが直面した最大の国際的な課題は第一次世界大戦であった。18世紀後半の独立以降，歴代の大統領や連邦議会議員の多くは，欧州列強同士の対立への関与を避ける一方，欧州からの介入を回避する傾向にあった。19世紀のアメリカ政府は，いわゆるモンロー主義を掲げ，欧州からの干渉を牽制しつつ，米墨戦争，米西戦争等を通じアメリカ本土，さらには，ハワイ，グアム，フィリピン等にも帝国主義的な領土拡張を続けていた。こうした領土拡張の時代を主導したのが，セオドア・ルーズベルト（Theodore Roosevelt）大統領であった。同大統領は，日本との関係でも日露戦争の講和会議をポーツマスで開催するように仲介するなど，国際問題に積極的に関与した。その過程では，大統領が自らの権限で締結できる行政取極（executive agreement）（→第5章3（3）参照）を多用し，連邦議会の関与を排除した。日本とアメリカの間で韓国，フィリピンでの相互の影響力を尊重する

1905 年の桂・タフト協定は，連邦議会の承認を経ずに締結され，当面の間，対外的に公表されなかった。その背景として，当時の連邦議会は，アメリカの領土拡張を是認し，外交面での大統領の政策への監視に積極的ではなかったとの見方もある。そうした流れの中で，1914 年に欧州で発生したのが第一次世界大戦であった。

第一次世界大戦へのアメリカの関与は一貫して慎重であった。1915 年に発生した，ドイツの潜水艦によるイギリス船籍のルシタニア号の撃沈で 100 名以上のアメリカ人が犠牲になったのを受け，アメリカの対独世論は悪化した。その後ドイツの外交電報でドイツの外相がメキシコ駐在のドイツ公使に対して，アメリカが参戦した場合には，ドイツとメキシコで同盟を結び，メキシコに対してアメリカに割譲した領土を回復することを示唆したことが，アメリカ国内で報じられた。こうした一連の出来事を経て，連邦議会は 1917 年にドイツに対する宣戦布告の決議を採択した。

アメリカの参戦は欧州の戦局に大きな影響を与え，ドイツの敗北により第一次世界大戦は終結した。しかし終戦とともに，連邦議会の国際問題への関心は急速に薄れ，民主党選出のウッドロー・ウィルソン（Woodrow Wilson）大統領と議会は対立することとなる。

ウィルソン大統領は，1919 年 7 月に講和会議から戻り，自ら上院本会議場に出向いて，ヴェルサイユ講和条約の承認を呼びかけ，さらに全国を遊説して国民の支持を求めた。反対派の急先鋒であった共和党のヘンリー・カボット・ロッジ（Henry Cabot Lodge）上院議員は，即時の採決を支持せず，自らが委員長を務める外交委員会への付託を提案した。ヴェルサイユ講和条約の承認および国際連盟加入の決議は 1920 年 3 月に否決される。そして国際連盟加入への反対を公約の一つに掲げた共和党のウォレン・ハーディング（Warren Harding）が 1921 年に大統領に就任したことで，アメリカの国際連盟加入の道は絶たれることとなった。

(2)　世界恐慌後のニューディールと議会

ウィルソン大統領退任後のハーディング，クーリッジ，フーバーの3大統領が在任した時期は，大統領と議会の間で対外関係や内政での大きな対立はなく，連邦議会が立法，政策の両面で主導権を取る時期が続いた。ハーディング（Warren G. Harding）大統領は上院の多数党であった共和党の現職上院議員から大統領に転じた背景もあり，議会との協調を重視したといわれる（初めて上院議員から大統領に就任したのがハーディングである）。ハーディングが1923年に心臓発作で急死し，副大統領から大統領に就任したクーリッジ（Calvin Coolidge）も対外関係への関与に消極的であった。クーリッジはまた国内の社会問題への関与にも慎重であった。

こうした情勢は1929年のニューヨークの株式市場での株価暴落に端を発する世界恐慌により一変する。クーリッジの後任となる共和党候補のフーバー（Herbert Hoover）は，好況を背景に1928年の大統領選挙を勝利したものの，翌年の世界恐慌に有効に対処できなかった。フーバー大統領は種々の対策を提唱・実施したものの，困窮層への連邦政府の直接給付を行わなかったこと等が連邦議会において厳しく批判され，1932年の大統領選挙で民主党候補のフランクリン・ルーズベルトに大敗した。

ルーズベルト（Franklin D. Roosevelt）大統領は，大統領選挙の当時から共和党の失政を批判する際，民主党による「ニューディール」の導入を約束した。1933年3月の大統領就任直後に民主党が多数派である連邦議会に3か月間の開会を求め，その期間中に多数の大統領令と15本の法律を可決させた。当時，ルーズベルトが圧倒的な人気で大統領選に勝利し，民主党が議会の多数を占めていたことから，議会は大統領が推進する政策を十分な審議もする間もなく，次々と可決していった。また，ルーズベルトは大統領就任直後から，ラジオ放送で

「炉辺談話（fireside chat）」という国民に語りかけるスタイルの番組を定期的に行い，一斉に国民に訴えかけるリーダーのさきがけとなった。

1933年7月23日のラジオ放送で，ルーズベルトが就任後最初の100日間の一連のニューディール政策を振り返ったことから，その後アメリカ政治では「最初の100日間（First 100 Days）」という言葉が定着した。それ以降，歴代大統領が最初の100日間で何を成し遂げられるかが注目されるとともに，就任当初の国民，メディアの期待値，そして議会との関係を注目する尺度として用いられるようになった。

しかしながら，連邦最高裁判所が立法による連邦政府への授権が明確ではないとしてニューディールの諸立法を憲法違反であると判断し，その実施を妨げることとなった。そのため，ルーズベルト大統領は連邦最高裁の定員を拡大し，自らの政策を支援する裁判官の送り込みを画策した（→第4章1（2）参照）。これは議会の強い反発を招き，実現しなかった。大統領と同じ政党が多数を占めた議会内であっても，大統領の考えを批判することに躊躇がなかった例といえる。

その後連邦最高裁は，1937年の *West Coast Hotel Co. v. Parrish* をはじめとする一連の判決を通じて，ニューディール関連の法律を合憲と判断した。その結果，合衆国憲法の州際通商条項（→第1章5（3）参照）について，連邦議会の立法範囲は柔軟に解釈されるようになった。そして第二次世界大戦以降も幅広い経済社会関連の立法が行われるようになった。

(3)　大統領・行政府の権限拡大と戦時中立

ニューディール政策の多くは，連邦議会議員が自らの発意で法案を起案したものではなかった。「最初の100日間」の間に矢継ぎ早に審議・可決された法案や，その後に提出された社会経済政策関連の法案の多くは，実質的には大統領・行政府側が起草し，議員が法案の形式にした上で，審議・可決された。連邦制では連邦議会のみが立法権限を有しているものの，こうした対応が取られたのは，20世紀に入り社会経済政策が複雑になり，人数の少ない議会スタッフの陣容では法案を起案・審議することができなくなったためである。

20世紀まで，上院では各議員が常勤のスタッフを雇用することは稀であった。最初に常勤雇用が認められたのは1893年であり，1941年に6名まで雇用できるようになっても，6名全員を雇っていない議員も少なくなかった。また，1939年当時，上院外交委員会付きの専属スタッフは3名に過ぎなかった（2020年時点では60人まで増加）。

ニューディール政策では，社会保障（social security），最低賃金や基本的な労働時間の設定を含む現在のアメリカの社会保障政策の基本的な枠組みが作られた。その政策の多くは労働省をはじめとする関係省が素案を起案した。最低賃金と労働環境の整備に関する法律（Walsh-Healey Public Contracts Act）は，アメリカで初の女性閣僚となったフランシス・パーキンス（Frances Perkins）が起案したものであった。建国以降，アメリカの行政府も人数がきわめて限られていたが，ニューディール以降の行政需要の拡大と連邦最高裁判決による連邦法の対象範囲の拡大に伴い，行政府の権限と陣容が急速に拡大した。これに呼応するように，連邦議会の各委員会付きの職員や議員事務所で働くスタッフも急速に拡充されていくようになった。

1920年の国際連盟加入の否決後も，上院議員の多くは孤立主義を選好し続けた。1935年のイタリアによるエチオピア侵攻を受け，ルーズベルト大統領が連邦議会に対して武器禁輸の実施を呼びかけたのに対し，連邦議会は反対に中立法（Neutrality Act）を成立させ，あらゆる紛争当事国に対するアメリカの武器弾薬の輸出を禁じた。1937年にドイツがスペイン内戦に介入すると，議会はさらに中立法を改正し，内戦へのアメリカの関与も制限した。その後も1938年のドイツによるチェコスロバキア解体，1939年のポーランド侵攻に伴う第二次世界大戦の勃発により，アメリカの世論は欧州諸国の支援を支持するようになったものの，上院の消極姿勢は変わらなかった。ようやく1941年8月にイギリスを支援するための武器貸与法（Lend Lease Act）が成立するが，アメリカが第二次世界大戦に関与するのは1941年12月の日本による真珠湾攻撃が発生してからであった。

4　公民権運動と戦争への関与――第二次大戦以降の展開

(1)　公民権運動と投票権法

第二次世界大戦後の国際秩序形成に際し，連邦議会は国際連合の設立を支持し，様々な国際問題に積極的に関与した。その一方で，米ソ間の冷戦に伴い，連邦議会内ではマッカーシー上院議員が主導するいわゆる「赤狩り」が行われるなど（→第4章1 (1)），反共，保守的な議論が進行した。1953年に朝鮮戦争の停戦が実現し，1954年にマッカーシー議員が権勢を失い，連邦議会での追及が終わる中，代わって大きな国内問題となったのが南部を中心とするアフリカ系アメリカ人への差別（segregation）の是正と投票権の確保であった。トルーマン（Harry Truman）大統領は第二次世界大戦の終結後，国内経済の維持と雇用の改善のための一連の政策を打ち出し（フェアディール政策），その中にはアフリカ系アメリカ人の差別解消のための立法も含まれていた。ただし，アフリカ系アメリカ人に対するリンチ（私刑）を禁止する連邦法や，投票権の拡大の障害となっていた人頭税（poll tax）（→第6章2 (4) 参照）の廃止を巡る議論は連邦議会では前進しなかった。

1950 年代には，アフリカ系アメリカ人を排除していた学校教育の統合が焦点となったが，南部諸州は統合に頑強に反対した。1956 年に共和党のアイゼンハワー（Dwight D. Eisenhower）大統領が，アーカンソー州の州都リトルロックに州兵を派遣してアフリカ系アメリカ人の子どもの登校と就学を実現させたが，引き続き南部諸州の知事，上院議員は社会統合に強く反対した。

こうした頑強な反対は，民主党から選ばれたケネディ，ジョンソン大統領が就任しても変わらなかった。マーチン・ルーサー・キング Jr.（Martin Luther King Jr.）牧師等の指導者の主導の下，公民権運動が全国に拡大する中，世論の社会統合に向けた支持は高まったものの，連邦議会における審議は難航を極めた。1963 年 6 月にケネディ（John F. Kennedy）大統領が人種による差別を禁止する法制の実現を呼びかけたが，11 月に同大統領が暗殺された。後任のジョンソン（Lyndon B. Johnson）大統領が議会指導者と連携しつつ，公民権法の成立を目指した。当時上下院ともに民主党が多数であったが，南部の民主党議員の公民憲法への反対は強く，下院では規則委員会における審議の遅延に直面し，上院ではフィリバスターが危ぶまれた。上院での可決は，民主党のマンスフィールド（Mike Mansfield）上院総務（後の駐日大使→第 5 章コラム参照）やハンフリー（Hubert Humphrey）上院議員（後の副大統領）がジョンソン大統領と連携し，共和党のダークセン（Everett Dirksen）院内総務（その後上院会館に名前が付された）の協力を得る形で実現した。

1964 年 7 月に成立した公民権法（Civil Rights Act of 1964）は，アメリカ全土で人種等に基づく差別を禁止する上で重要な意義を持っていたが，アフリカ系アメリカ人の投票権確保には不十分であった。とくに識字試験（literary test）や人頭税が南部での投票の実施に障害となっていた。投票権を求めるために 1965 年 3 月にアラバマ州セルマ（Selma）で平和裏に行われたデモ行進を州警察が攻撃し，多数の負傷者が出たことで（「血の日曜日」（Bloody Sunday）と呼ばれる），投票権法を求める世論が一層強まった。法案審議は，上院では南部民主党議員によるフィリバスターのおそれがあったが，審議終局の動議（クローチャー）は超党派の支持により 70 対 30 で可決し，本会議でも 77 対 19 で採択された。下院では，一部の共和党議員による法案内容を弱める修正動議が南部民主党議員の賛成を得たが，かえって共和党穏健派の議員の反発を招く結果となり，修正は実現しなかった。

これら公民権法，投票権法の成立は，これまで民主党内で一大勢力であった，保守的で人種統合に反対していた南部民主党（Southern Democrats）の影響力を著しく減退させた。また，これまで共和党支持者も多かったアフリカ系アメリカ人の民主党への支持を促す結果となるとともに，民主党がよりリベラルで進歩的な社会経済政策を打ち出す契機となった。その一方，保守的な民主党支持者は徐々に共和党支持に傾斜し，1980 年代以降の南部における共和党の支持拡大につながっていく。

(2)　ベトナム戦争と連邦議会

1965 年のベトナムへの北爆開始により本格化したアメリカの軍事介入は，戦局を泥沼化させた。そして 1968 年に北ベトナムが突如行った南ベトナムへの大規模なテト攻勢は，ベトナム戦争に懐疑的な見方が広がりつつあったアメリカ国内に衝撃を与え，反戦運動を高めることとなった。ベトナム戦争は最終的には 1973 年のパリ和平会談を経て，アメリカ軍の撤退と 1975 年のサイゴン陥落により終結した。

ベトナム戦争に関し，連邦議会は数々の公聴会を開催し，戦況だけでなく外交政策全般についても大統領・行政府の見解を聴取し，その責任を追及した（公聴会については→第４章１（1）参照）。その一例が戦争初期に開催された 1966 年２月の上院外交委員会における公聴会である。フルブライト（J. William Fulbright）上院議員（外交委員会委員長，アーカンソー州選出）が主導したこの公聴会は，テレビ中継されたため，多くの国民が目にすることとなった。この公聴会のみでアメリカの世論が急激に反戦に転じることはなかったが，ジョンソン大統領の支持率は急落し，公聴会での議論は戦争に対する懐疑的な見方を生んだとも言われている。

連邦議会はその後，1975 年にフォード大統領による南ベトナムへの軍事支援継続のための要請を承認しなかった。そして同年，南ベトナムは崩壊し，ベトナム戦争は終結する。これも大統領・行政府がアメリカ軍の指揮に関する権限を持つ一方で，連邦議会が予算権限を持っていることにより，外交・軍事政策に一定の影響を与えた例ともいえる（→第 5 章 6（1）参照）。

ベトナム戦争が連邦議会と大統領との関係により大きな影響を与えたのは，1973 年の戦争権限法の制定であった。同法は，大統領の行政権限を侵害するものであるとしてニクソン（Richard Nixon）大統領は拒否権を行使したが，議会が 3 分の 2 以上の賛成をもって再議決し，法律として成立した。そのため，現在も同法の実施に関しては，行政府と連邦議会との間では見解に隔たりがある（→第 5 章 6（2）参照）。しかしながら，ベトナム戦争の失敗は，アメリカ国内の反戦機運を高めただけでなく，ウォーターゲート事件と並んで，連邦議会による大統領・行政府に対する厳しい批判が現在まで続く決定的な契機となった。

（3）9.11 同時多発テロとアフガニスタン・イラク戦争

冷戦の終結とソ連の崩壊，そして 1991 年の湾岸戦争の勝利等により，1990 年代を通じてアメリカが国際社会において圧倒的な力を持つと考えられた。その後間もなく発生した 2001 年 9 月 11 日のアメリカにおける同時多発テロは，第二次世界大戦以来初めてとなるアメリカ本土への攻撃として，アメリカ国民に大きな衝撃を与えた。テロ発生直後はブッシュ(George W. Bush)大統領に対する支持が高まり，国民を結束させた。連邦議会においては，アフガニスタンに匿われているアル・カーイダへの武力行使容認に関する上下院の合同決議が圧倒的多数で９月14日に可決された（上院は98対0，下院は420対1（民主党のバーバラ・リー(Barbara Lee)議員のみ反対）で可決）。

また，イラクのフセイン政権による大量破壊兵器の保有と湾岸戦争の際の国連安保理決議の不遵守を理由とした，イラクへの武力攻撃も2003年に開始された。イラクに対する武力行使授権に関する合同決議（→第５章６参照）についても下院では296対133，上院では77対23で可決されたが，紛争の長期化に伴い，アメリカ軍の関与に批判的な世論が高まった。その後2011年12月にイラクに駐留していたアメリカ軍は全て撤退した。

その後もアフガニスタンへのアメリカ軍の関与は継続した。紛争の長期化に伴い，アメリカはアフガニスタンの政権と反政府勢力のタリバンの和平等も仲介したが成功せず，最終的には2021年８月にアフガニスタンのガニ政権崩壊とともにアメリカ軍も撤退した。アフガニスタンおよびイラク戦争におけるアメリカ軍の動員数は，それぞれ延べ190万人，300万人以上になると言われ，死傷者は合計６万人にも上る（→表7-1参照）。アフガニスタン戦争は20年におよび，イラク戦争も10年近く続き，その期間は第二次世界大戦，ベトナム戦争よりも長期にわたった。

このように膨大な人員と予算を投じた軍事介入に対する批判は強く，2007年１月にブッシュ大統領が発表したイラクへのアメリカ軍の増派(the Surge)は民主党を中心に強い反発を招いた。また，2008年の大統領選挙でもイラクからの米軍撤退が争点の一つとなった。復員した兵士の待遇や影響を受けた家族の問題は，現在も大きな社会的な

表 7-1　イラク，アフガニスタン戦争でのアメリカの死傷者

作戦名（地域）	「イラクの自由」作戦（イラク）	「新たな夜明け」作戦（イラク）	「不朽の自由」作戦（アフガニスタン）	「固有の決意」作戦（イスラム国等）	「自由の番人」作戦（アフガニスタン）	合　計
時　期	2003-2010	2010-2011	2001-2014	2014-現在	2015-2021	―
死　者	4431	74	2353	109	109	7076
負傷者	31994	298	20149	276	620	53337
合　計	36425	372	22502	385	729	60413

出典：2023 年 1 月の国防省資料を基に筆者作成

関心事となっている。連邦議会においても，これらの軍事作戦の妥当性だけでなく，現在も進行しているテロ対策のための各種の軍事力の投入やドローン等による攻撃にも関心が高い。ドローン攻撃のような限定的な実力の行使についても，議会の調査・監視が及ぶべきとの意見が連邦議会内では絶えず表明されている。

最近の連邦議会議員の中では，アフガニスタン，イラク戦争の従軍経験者が増えている。すでに第二次世界大戦，朝鮮戦争の従軍経験者はおらず，現在はベトナム戦争以降の従軍経験がある議員が在籍している。2023 年 1 月現在，下院では 82 名の議員が軍歴を有しており，上院では 17 名に上る。ただし，軍歴を有する議員の数は年々減少している。第二次世界大戦，朝鮮戦争当時は徴兵制があったため，議員の中にも軍歴がある者が多く，1965 年から 1975 年は上下院ともに 70% 近くに上っていた。現在はその割合は 18% 程度であるが，アフガニスタン，イラク戦争への従軍経験がある議員がいることにより，外交・安全保障，軍事問題に関心の強い議員

も増えている。そうした議員が外交委員会や軍事委員会，退役軍人委員会等での審議に参加することにより，外交政策やアメリカ軍の能力に関する詳細な議論だけでなく，軍人の待遇や退役軍人の置かれた状況等の幅広い問題が取り上げられるようになっている。

5　最近の大統領・行政府と議会の関係の特徴

2000年代以降になると，アメリカの政治は党派対立を強め，銃規制や人工妊娠中絶，同性婚といった社会問題でも国内世論は分断の傾向が増しているといわれる。こうした中，上述のアフガニスタン，イラク戦争を開始したブッシュ政権後に成立した，オバマ，トランプ，そして現在のバイデン政権と連邦議会との関係につき簡単に概観する。

(1)　オバマ政権――ねじれ議会と大統領令・行政取極の多用

オバマ（Barack Obama）大統領の在任時は，連邦議会との厳しい対立が続いた。同政権の下では，医療保険制度改革（いわゆるオバマケア）のような一部の重要な法案を成立させたことを除き，議会での法案審議はあまり進展せず，大統領令の公布および行政取極の締結が政策実行手段の中心となったことが特徴であった。また，連邦議会の承認が得られないことから，最高裁判所の裁判官の任命も進まず，次のトランプ政権において保守派裁判官の承認を許すこととなった。

オバマ政権における最大の業績の一つは，いわゆるオバマケアと呼ばれる医療保険制度の実現であった。2010年3月に成立したPatient Protection and Affordable Care Act（医療保険制度改革法とも訳される）により，多くのアメリカ人が保険に加入することが可能となった。法律成立後，そして後任のトランプ政権においても共和党側による制度廃止の試みはなされたものの，現在も制度は維持されている。

オバマケアは実現できた一方で，その後のオバマ政権の議会との関係は困難が続いた。2010 年の中間選挙の結果，共和党が下院で多数党となり，上院は民主党が多数党を維持したものの，大幅に議席を失うこととなった。そのため，大きな政策を立法で実現することが困難となり，オバマ政権は議会の承認が必要ない大統領令や行政取極（executive agreement）（→第 5 章 5（3）参照）を通じて政策を実施しようとした。その中には，性的少数者である LGBTQ の人権擁護を目的として，連邦政府と契約のある事業者が，その従業員に人種，宗教，性的志向等に基づく差別を禁じる大統領令（大統領令第 13672 号）を発出したことも含まれる。気候変動に関するパリ協定，イランとの核合意（JCPOA）等は連邦議会の承認を経ない形で締結された。こうした合意は共和党側から強い反発を受け，トランプ政権時の離脱につながった。

オバマ政権当時，民主党が連邦議会で十分な議席数を有していなかったことは，連邦予算の編成と連邦最高裁の裁判官の承認に影響を及ぼした。2011 年には債務上限の延長を巡り，連邦議会の審議が紛糾し，アメリカの国債の格付けが引き下げられる事態を招いた（→第 3 章 5 参照）。また，2013 年には連邦予算の審議において，共和・民主両党の対立が続いたため予算成立が間に合わず，「つなぎ予算」も成立させることができず，16 日間の連邦政府の閉鎖が生じた（→第 3 章 4（2）参照）。

さらに 2016 年には，保守的な連邦最高裁のスカリア（Antonin Scalia）判事が死去したため，オバマ大統領は 3 月にガーランド（Merrick Garland）連邦控訴審判事を最高裁判事に指名した。しかしながら，上院共和党側は，大統領選挙の年に新たな承認を行うべきではなく，次期大統領の下で決定すべき等の理由を挙げて，承認を進めなかった。そのため最高裁は１名欠員のまま約１年を経過することとなった。このような民主党の大統領と共和党主導の議会との対立は，後述のようにバイデン大統領（オバマ政権時の副大統領）の政権運営と議会対応に影響を与えることとなった。

(2)　トランプ政権――大幅減税，最高裁判事の任命と弾劾裁判

2016 年に就任したトランプ（Donald J. Trump）大統領は，大統領選において，ペンシルバニア，オハイオ州等のアメリカの中西部で 1980 年代以降の製造業の衰退で影響を受けた「ラストベルト（rust belt）」の白人労働者層の支持を集めた。これは，従来労働組合の支持を得てきた民主党の地盤を切り崩し，大企業寄りと考えられていた共和党の支持基盤を拡大することにつながった。また，2016 年の選挙によって上院・下院ともに共和党が多数を得たことを踏まえ，「小さな政府」を標榜する共和党の伝統的な考えに従い，2017 年に大幅な減税を実現した。

連邦最高裁の裁判官については，３名の保守寄りの判事の指名と承認に成功した。まず，2017 年にゴーサッチ（Neil M. Gorsuch）判事の承認を，上院の過半数だけで承認するいわゆる核オプション（nuclear option）を導入することで実現した（→第４章１ (2) 参照）。また，2018 年にはブレット・カバノー（Brett M. Kavanaugh）判事を指名・承認し，2020 年にはバレット（Amy Coney Barrett）判事を指名・承認した。バレット判事の承認は，大統領選挙の年である 2020 年６月に行われた。民主党側は，2016 年当時，共和党側が大統領選挙を口実としてオバマ大統領によるガーランド候補指名の承認を拒んだと非難したが，結果的にバレット判事の指名は共和党多数の上院で承認された。

トランプ大統領は，アメリカの歴史上はじめて２回弾劾を受けた大統領となった（弾劾の制度は→第４章１ (4) 参照）。１回目の弾劾

の理由は，権力の濫用と議会の妨害であり，合衆国憲法第 2 条第 4 節に掲げられた弾劾事由である「(他の) 深刻な犯罪 (high crimes and misdemeanors)」に該当するとした。具体的には，トランプ大統領が 2020 年の大統領選挙の民主党の有力候補であったバイデン元副大統領に不利な情報を得るべく，ウクライナのゼレンスキー大統領に働きかけたことが問題視された。最初の弾劾決議は，2019 年 12 月に下院で行われ，民主党が多数を占める中，成立した 2020 年 1 月に上院において弾劾裁判が実施されたものの，共和党が多数を占める上院では大統領は無罪と判断された。

2 回目の弾劾は，2020 年の大統領選挙の結果をトランプ大統領が認めず，選挙結果の認証を阻止するためにワシントン DC に集まった群衆に連邦議会に乱入するように扇動したことを理由とする。下院における弾劾決議では，2021 年 1 月 6 日の連邦議会襲撃事件は，トランプ大統領による反乱の扇動（incitement of insurrection）により発生し，その行動が弾劾事由である「深刻な犯罪」に該当するとした。この弾劾裁判の期間はすでに後任のバイデン大統領が就任しており，弾劾の主たる目的は，反乱に関与した者がその後公職に就けなくなる旨の合衆国憲法修正第 14 条の規定に該当することの認定であった。弾劾決議は 1 月 13 日に下院で可決されたが，2 月 9 日から 13 日まで上院で行われた弾劾裁判では，共和党多数の中で無罪とされた。

(3)　バイデン政権――民主党多数の議会での重要法案成立

バイデン政権は，2020 年の大統領選挙後まもなくは党派対立を超えた社会の融和を訴え，超党派の支持を得られる政策を目指した。しかしながら，2021 年の 1 月 6 日の連邦議会襲撃事件とその後のトランプ前大統領の弾劾は，民主党と共和党の対立を助長させた。また，民主党のリベラル派は，社会的弱者への対策や人種・格差問題，気候変動対策への取組みの強化を求め，連邦政府による財政支出拡大と課税強化の声が高まった。これもトランプ政権当時の大型減税を支持した共和党関係者の反発を招いた。

2021年11月にはアメリカ国内のインフラを整備するための大型法案であるいわゆる超党派インフラ法（Bipartisan Infrastructure Law. 正式名称は Infrastructure Investment and Jobs Act）が成立した。その一方で，インシュリン等の薬価の抑制をはじめとする医療福祉政策や，再生可能エネルギー導入の加速化等を目指す法案の審議では，政策の内容と財政支出の規模につき，民主党のリベラル色が強すぎると共和党が反発し，党派対立は解消しなかった。この法案は，最終的には上院の過半数だけで可決できる財政調整プロセス（→第3章3（3）参照）により，2022年8月にインフレ抑制法（Inflation Reduction Act of 2022）として成立した。

このように民主党側が大幅な財政支出を必要とする法案を相次いで成立させた背景としては，オバマ政権当時は共和党議員側との調整に努力したにもかかわらず，連邦最高裁判事の指名や他の重要議題でほとんど協力を得られなかったことへの不満があるといわれる。2022年の中間選挙を前に大統領の所属する政党が議席を失う傾向が強いことを踏まえ（→第6章4（3）参照），大統領就任後の冒頭2年間にできる限りの政策と予算措置を実現すべきと考える民主党関係者も少なくなかった。結果的に中間選挙では，共和党が222対213とわずかに過半数を制した一方，民主党は上院の過半数を51対49の僅差で維持した。

2022年2月に発生したロシアによるウクライナ侵攻に対しては，連邦議会は超党派でウクライナ支援を表明した（下院決議（H. Res.956），上院決議（S.Res.546）参照）。2021年8月のアメリカ軍のアフガニスタン撤退に際して生じた混乱について，共和党はバイデン政権を厳しく批判したが，ウクライナ侵攻については，共和党内の一部の保守強硬派と民主党のリベラル層の一部を除き一致してウクライナへの軍事援助を支持した（→第8章3（1））。アフガニスタン，イラク戦争以降，外交安全保障に関してかつては存在していた超党派での対応が減ってきたと言われる中，ウクライナ支援の各種法案は，2022年末の第117議会終了時期までは，連邦議会内で幅広い支持を得て成立している。

6　まとめ――二大政党制の変遷と勢力の盛衰

以上概観したとおり，アメリカの政党は建国当初から様々な主義主張を掲げ，今日まで盛衰を経てきている（→図7-3参照）。

簡単にまとめると，

- 建国以降は連邦政府の下で国家の統合を進めようとするフェデラリスト派がいったんは隆盛を誇ったが，
- 反フェデラリスト派の流れをくむ民主党が，1829年に大統領に就任したアンドリュー・ジャクソンの下でアメリカ国民の支持を得た。この間は民主党が連邦議会でも優位を維持した。
- しかしながら，建国以来問題となっていた奴隷制度を巡る南北諸州の対立が深まり，奴隷制廃止を訴えたホイッグ党から発展した共和党が，奴隷制度に反対する自由州の数の拡大とともに勢いを増した。
- 共和党のリンカーン大統領が主導して南北戦争を戦い，奴隷解放を実現し，連邦の統合を回復した。連邦議会では共和党が優位を占めたが，1877年の妥協により，南部では民主党の力が回復した。それに伴い復興の時代は終わり，アフリカ系アメリカ人の地位も後退した。

図 7-3　アメリカの政党の変遷

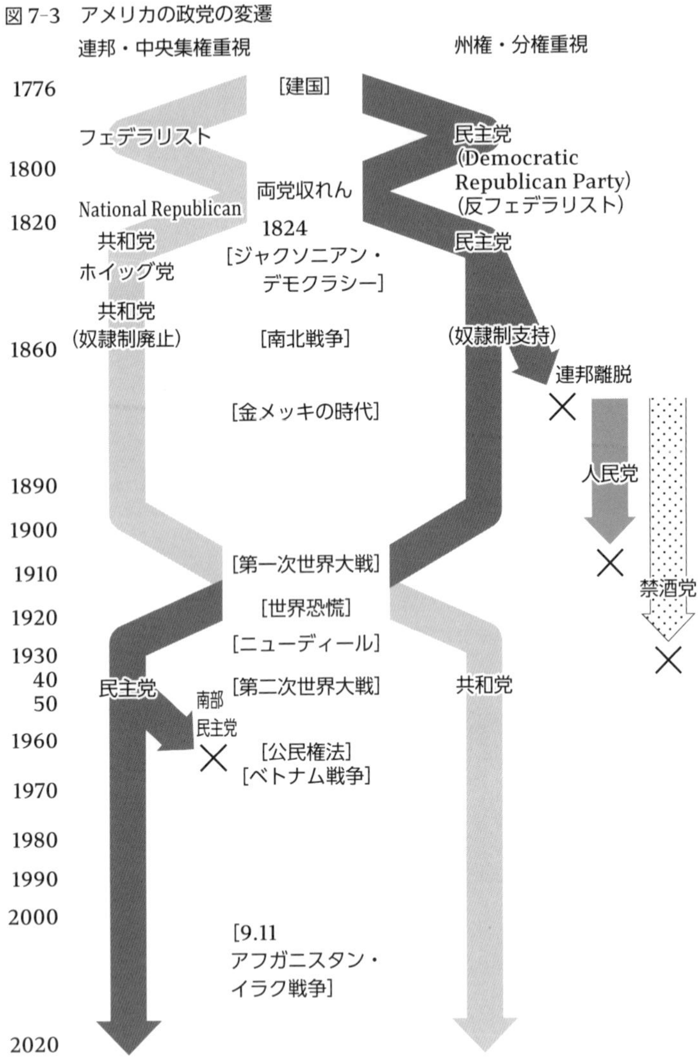
連邦・中央集権重視
州権・分権重視
1776
[建国]
フェデラリスト
民主党
(Democratic
Republican Party)
(反フェデラリスト)
1800
両党収れん
National Republican
1820
1824
共和党
ホイッグ党
民主党
[ジャクソニアン・
デモクラシー]
共和党
(奴隷制廃止)
[南北戦争]
(奴隷制支持)
1860
連邦離脱
[金メッキの時代]
人民党
1890
1900
[第一次世界大戦]
1910
禁酒党
1920
[世界恐慌]
1930
[ニューディール]
40
50
民主党
南部
民主党
[第二次世界大戦]
共和党
1960
[公民権法]
[ベトナム戦争]
1970
1980
1990
2000
[9.11
アフガニスタン・
イラク戦争]
2020

・1890 年代から 1920 年代は産業の発展と独占が進む「金メッキの時代」の中で共和党が優位となり，自由放任主義の下，連邦議会・連邦政府ともに社会課題への関与は限定であった。
・1929 年の世界恐慌以降は，ルーズベルト大統領のニューディール政策が推し進められ，経済・社会政策を手掛ける「大きな政府」を支持する民主党が優位の時代が続く。
・第二次世界大戦後はアフリカ系アメリカ人に対する差別を是正するための公民権運動が進み，それまで圧倒的な影響力を保持していた南部民主党の上院議員の力が削がれる。その結果，南部保守層は徐々に共和党への支持に傾斜していく。
・冷戦終結後，アメリカの国際的な影響力は圧倒的と思われたが，2001 年 9 月 11 日の同時多発テロ以降，アフガニスタン，イラク戦争が長期化し，その妥当性に対する批判も高まった。連邦議会では現在もアメリカの海外の問題への介入の是非を巡る議論が続いている。

第 8 章で触れるとおり，最近では民主党・共和党支持者の対立が厳しくなる一方で，二大政党制に対する不満も強まっているとの見方もある。しかしながら，現在の政治・選挙制度が二大政党制を前提として設計されており，第三党等の台頭は容易ではない（→第 6 章参照）。そのため，当面の間は共和，民主党が拮抗する政党政治が展開されると見込まれる。連邦議会内における合意形成を促し，議会が機能していることを有権者に示せるかが両党にとっての課題である。また，Z 世代（Generation Z）と呼ばれる若者世代やヒスパニック，アジア系等のマイノリティーにいかに訴求していくかが，それぞれの政党の課題といえよう。

コラム　なぜ民主党がロバで共和党がゾウなのか。

テレビで共和党と民主党の党大会の様子を見ていると，ゾウやロバのマスコットが描かれたポスターやピンバッジなどをよく見かける。

民主党のシンボルがロバとなった由来は，1828 年の大統領選挙にさかのぼる。1828 年選挙の民主党の候補はアンドリュー・ジャクソンであったが，政敵は立身出世で名を成したジャクソンを「Jackass」と罵り，批判した。jackass は雄ロバであるが，口語ではのろまや間抜け，嫌な奴という意味を持つ。政敵やライバルを jackass と呼ぶ悪口はジャクソンの前からも存在したと言われるが，ジャクソンはこれをむしろ気に入り，自分の選挙ポスターにロバの絵を描いて，かえってアピールに使ったという（その後ジャクソンは大統領に就任）。ただし，その後民主党をロバと表すことはしばらくなかった。そして政治風刺漫画家のトマス・ナスト（Thomas Nast）が 1870 年の風刺画で民主党をロバと表現した（→図 7-4（2））ことから，そのイメージが定着していった。ナストは当時著名で高く評価されていたことから，その風刺画は大きな影響力があったとされる。

共和党は 1856 年にホイッグ党の流れを受けて成立した。そのシンボルについては，同じくナストが 1874 年の風刺漫画において，共和党をゾウになぞらえたことが最初である（→図 7-4（3）参照）。ネスト自身は熱心な共和党支持者であった。リンカーン大統領もナストを高く評価していたとされ，共和党関係者はゾウのシンボルを気に入ったと言われる。共和党もしばらくは正式にシンボルマークにすることはなかったとされるが，1920 年代には共和党，民主党とも党大会でゾウ，ロバのマークをロゴに使うようになった。

図 7-4　ロバとゾウの風刺画

(1) アンドリュー・ジャクソンを風刺した漫画（1830 年頃）

(2) 民主党をロバになぞらえた風刺画（1870 年）

"A LIVE JACKASS KICKING A DEAD LION."
And such a Lion! and such a Jackass!

（注：民主党をロバになぞらえた初出の漫画として知られる。）

(3) 共和党をゾウに模した風刺画（1874 年）

（注：この漫画では中央にいる民主党のロバが，ライオンの皮をまとっている。）

■ 第8章

今日の課題と可能性

1 はじめに

アメリカの連邦議会は，大統領・行政府，司法府と並んで，統治の主要な役割を担う機関として機能してきた。その制度や運営は，建国当時の理念を基礎としつつも，時代の変遷とともに変化し，様々な政治・経済・社会的な要請に対応してきている。その一方で，世論の厳しい目が向けられているのも事実である。

最近のアメリカ国内の世論調査で，高い倫理観を持ち，信頼できると考える職業を尋ねたところ，連邦議会議員は 18 の職種の中で下から 2 番目の低さであった（→図 8-1）。連邦議会を信頼しているかとの質問に対しては，「あまり信頼していない」「全く信頼していない」との回答が過去 20 年間増加しており，2010 年以降は一貫して 5 割を超えている。

こうした批判が強まっているのは，連邦議会の機能のみに起因するものではなく，最近アメリカ社会に広がる政治的分極化も一因となっているとの見方もある。2021 年 1 月 6 日の連邦議会襲撃事件の評価や，コロナ対策に関する意見の相違等が社会的な分断を助長し，政治・経済・社会に関するそれぞれの立場から議会の現状に不満を強めている可能性もある。筆者がワシントン DC の議会関係者や有識者と話をする際，長年議会を見ている人ほど，党派対立の厳しさを嘆き，連邦議会の将来に悲観的な見通しを述べる人が多いことに驚かされる。

図 8-1　職業別の倫理観の高さにつき質問した際の回答

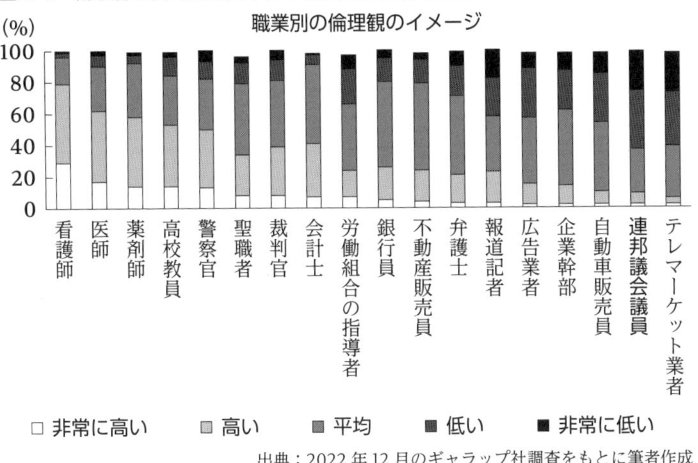

出典：2022 年 12 月のギャラップ社調査をもとに筆者作成

本章では，こうした連邦議会に対する厳しい見方の要因の一つとも思われる，最近の議会運営における課題を説明するとともに，そうした課題の背景ともいえる現在のアメリカ国内の経済・社会的な対立や問題を取り上げる。その上で，今後の連邦議会の展望や可能性についても触れる。

2　連邦議会の最近の傾向

(1)　ソーシャルメディアの発達と弊害

連邦議会関係者やビジネス関係者，議会を取材しているベテラン記者に，この 10 年～20 年間の連邦議会の最大の変化を尋ねると，ほぼ一様にソーシャルメディアの影響と答える。そしてその多くはソーシャルメディアの役割に批判的である。

メディアが連邦議会に影響を与えた歴史的な節目については，

1950年代のマッカーシズム（→第4章1 (1) 参照），1960年代のベトナム戦争に関する公聴会（→第7章4 (2) 参照）やウォーターゲート事件の公聴会を挙げる向きもある。これらはいわば劇場型政治のはじまりとも言え，それまでは新聞やラジオで断片的に入手可能であった連邦議会関連の情報がテレビで臨場感をもってアメリカ国民に伝わった。また，1980年代から90年代にかけて，議会中継を専門とするケーブルテレビのCSPANが議会審議を放送するようになり，CNN等の24時間放送のニュースチャンネルも議会審議を変容させたとの指摘もある。この時期から連邦議会議員は，議場での演説や公聴会での発言を有権者にアピールするように行い，パフォーマンス色が強まったという批判もある。

しかしながら，ツイッターをはじめとするSNSのもたらす影響はより深刻であると主張する関係者は多い。その最大の理由は，一人一人の連邦議会議員がその経験，役職に関係なく，発信した内容が即時に数万，数十万の読者に訴求するインパクトがあることにある。最近では新人・若手議員であっても，10年，20年の経歴を持つ議員よりも全国的に知名度が得られ，また立法の実績が少なくても，より効果的に有権者にアピールできる。その反面，SNS等を通じた知名度を上げることにエネルギーを注ぎ過ぎている，あるいは，法律や政策の立案に知見を持つスタッフよりもメディア対応に優れたスタッフを雇おうとする議員が増えたと嘆く識者も少なくない。

さらに，CNN，MSNBC等のリベラルなメディアとFOXニュース等の保守メディアが視聴者にアピールするように論調を先鋭化させ，言論空間を分断しているとの指摘もある。有権者が自らの見解に近いニュース番組やソーシャルメディアだけに目を通すことで政治的分極化を加速させ，政党支持の異なる有権者間の交流・議論の欠如が助長されているという懸念も強い。こうした自らの主張を増幅させる現象は echo chamber（エコーチェンバー現象）と呼ばれる。

より過激な発言や耳目を集めるコメントをする方が，ニュースや記事の見出しになりやすく，ソーシャルメディアでも拡散される傾向について，政策や法案立案を重視する議員には快く思っていない者も少なくない。しかし，最近は上院・下院選挙のいずれでも，選出州や選挙区を超えて，全国から選挙資金が集まるため，現職議員や候補者は全国に訴求するメッセージを出さなければいけないという現実もある。

全国の支持者にアピールする場を提供するソーシャルメディアは，議員・候補者にとって重要なツールである。連邦議会議員は全員，公式と選挙用の２つのツイッターアカウントを併用しており，議員の中にはフェイスブックやインスタグラムを用いて発信する者も少なくない。どのように政策面で地道に有権者にアピールするか，その一方で，果敢に相手政党の候補や政策を批判して欲しいと願う有権者の期待にどう応えるかという，時として相反する要請の中で，議員や候補者は苦心することになる。

ソーシャルメディアのプラットフォームにも盛衰があり，ソーシャルメディアが政治に与える影響がどこまで続くか不明であることは言うまでもない。今後影響力の大きいメディアやコミュニケーション手段が新たに生まれる可能性もある。アメリカはそうした実験的なコミュニケーション手段がいち早く導入され，政治にも取り入れる進取の気性を尊ぶ素地がある。アメリカ政治，とくに選挙におけるメディアの使われ方は，世界各地にも影響を与えることから，連邦議会における動向を把握することは大きな意義がある。

(2)　党派対立の激化と議員同士の交流の減少

アメリカ政治と連邦議会の最近の特徴について，関係者が指摘するもう一つの点は，党派対立の激化である。その契機を 2016 年のトランプ政権の成立後の共和・民主党の対立と指摘する者は多いが，オバマ政権当時の 2011 年の債務上限の引上げを巡る対立，2013 年の連邦政府閉鎖等を例に挙げ，トランプ政権だけが原因ではないという見方もある。イラク戦争が国内における分断の契機となったという意見もあれば，銃規制や移民問題，人工妊娠中絶等の社会問題を指摘する者もいる。このように党派対立激化の時期や要因を特定することは容易ではないが，連邦議会に関して共通するのは，民主・共和両党の議員が，党派を超えて合意形成・妥協をするために努力する機会や姿勢が，近年大幅に減少したという指摘である。

より身近な問題として，ワシントン DC に居住する際に市内に住居を持たない議員が増えていることも，DC 内での議員間の交流を減らしている遠因であるといわれる。多くの議員は週末や休会中は地元の選挙区・選出州に戻るが，特に当選回数の少ない下院議員は地盤が安定するまではなかなかワシントン DC に居を構えることをしない。以前はワシントン DC にも生活の拠点を持つことで，週末に家族の学校や地元の活動等を通じ，党派を超えた交流ができた。しかしながら，最近では週末にワシントン DC にいる議員はほとんどいないため，委員会や本会議場，平日に DC 内で開催される各種会合以外で議員同士が会う機会が減り，ゆっくり時間をとって個別に交流する機会がほとんどなくなったという実際的な問題を提起する関係者もいる。

近年では不動産価格の上昇もあり，議員の歳費では家を購入できない，あるいはアパートを借りるのも容易でないと主張する議員もいる（上下院議員の歳費は 2009 年以降増えていない）。実際，下院議員

435名のうち100名近くが，ホテルにも滞在せず，議会開催中に会館の個人事務所の中で寝起きしていると言われている（会館にあるジムやシャワーを使用している）。会館内で起居する議員の多くは，平日でも月曜日夕刻の定足数点呼直前まで地元で過ごし，早ければ木曜日の夕刻には委員会・本会議が終了次第，地元に戻る。議員同士の交流の機会が少ないため，超党派の議員団による国内外の出張が一層貴重な機会であると述べる議員も少なくない。

議員同士の交流が困難となった理由に2020年以降のコロナ禍も挙げられる。新型コロナウィルスの感染拡大が最も厳しかった時期では，感染防止のために多くの投票がオンラインとなり，下院では代理投票（proxy vote）も認められるなど，議員が登院しないことも珍しくなくなった（代理投票は2023年の第118議会にて廃止された）。とくに2020年の選挙で選出された新人議員同士の接点がほとんどなくなり，人間関係の構築に支障となったと述べる議員もいる。

(3)　党派を超えた合意形成の課題

2018年に行われた調査では，民主党，共和党それぞれの支持者に対して，他の政党支持者について，「単に政治的な意見の違う相手と考えるか，あるいは自分の生き方（way of life）への脅威と考えるか」と尋ねた。この問いに対して，民主党支持者は共和党支持者について40パーセントが脅威と捉え，共和党支持者の38パーセントが民主党支持者を脅威に感じると答えた。この数値は前年の調査と比較していずれも増加している。これは1950年代当時に政治学者達が共和党と民主党には実質的には政策上の相違がないと指摘していたこととは大きな違いである。現在は，政治的に異なる考え方や支持政党が異なる相手を意見の相違を理由に敵視し，自らと同じ主張や党派の下に団結する傾向が強まっており，こうした現象を negative partisanship と呼ぶ。Negative partisanship は，特定の意見や党派に反対するために勢力を結集する，いわば「反対のための連合」ともいえ，政治的分極化を助長し，相手との妥協や歩み寄りを困難にするとも言われる。

そのほかにも 2021 年1月6日の連邦議会襲撃事件とその後のトランプ大統領の弾劾を巡り，民主党支持者および議員の多くは，襲撃を非難せず，弾劾を支持しない共和党支持者（そして議員）に強い不満を持った。反対に，共和党支持者および議員は，大統領の弾劾は民主党側が一方的に政治的に利用していると非難した。こうした対立が，議会における議論・意見交換を難しくしているともいえる。

このような党派対立の環境の中では，メディアあるいはソーシャルメディアにおいて，相手政党を厳しく追及することがもてはやされ，相手に反対することで政治的な得点を得やすい。賛成・妥協することは主張に一貫性がないと批判を招くおそれがある。とくに銃規制，人工妊娠中絶等の問題では，折衷案を出すことが政治的により難しくなったとの見方も強い。

その一方で，2021 年1月6日の連邦議会襲撃事件以降に開催された第 117 議会では，超党派インフラ法（→第7章5（3）参照）や 30 年ぶりとなる銃規制法（Bipartisan Safer Communities Act），同性婚に連邦レベルで一定程度の保証を与える法律（Respect for Marriage Act）等の可決等の超党派の支持によって成立した法律もある。これらを挙げ，党派を超えた合意形成は不可能ではなく，現実に起きていると反論する者もいる。

連邦議会は大統領の所属する政党と連邦議会の上下院のいずれかの多数党が異なる場合，すなわちいわゆる「ねじれ」（divided government）の場合には，成立が必須な連邦予算の法案等の議論を巡り，より現実的な妥協が図られ，成果が得られることがあるともいわれる。2023 年 1 月から始まった第 118 議会は，上院の多数党がバイデン大統領と同じ民主党である一方，下院は共和党が多数を取っている。こうした状況でも党派を超えた合意成立が得る必要はあり，過去にないまで深刻といわれる党派対立の中，これを緩和するための処方箋は，議会関係者自身が模索中である。

(4)　二大政党制に対する批判・懐疑論

第 6 章および第 7 章で見てきたとおり，アメリカでは歴史的に二大政党制が連邦議会における前提とされてきた。人民党，禁酒党などの第三党勢力が伸長した時期もあったが，ほとんどの場合，持続的な勢力とはならなかった。その一方で，最近では二大政党制に対する不満や，両政党が有権者の多様な考えを代表できていないという批判も増えてきている。

2022 年 6 月に行われた調査では，調査対象（約 6000 人の成人）のアメリカ人の 39 パーセントは「アメリカ国内により数多くの政党があればと思う」という意見が自分の考えを「非常によく表している」，あるいは「よく表している」と答えている。また，その割合は「ある程度表している」という回答を含めると 70 パーセントに上る。また，民主・共和両党に対して否定的な見方を持つ人の割合は，1994 年にはわずか 6 パーセントであったのが，2022 年には 27 パーセントまで上昇している。

こうした既存政党に対する否定的な見方は，とくに若い世代に多く，18 歳から 29 歳までの年代では 37 パーセントに上る（30～49 歳では 34 パーセント，50～64 歳では 21 パーセント，65 歳以上では 16 パーセント）。若い世代の不満としてよく指摘されるのは，自分達の持つ多様な価値観を体現する候補がいない，年上の世代である議員の多くが気候変動をはじめとする社会課題に十分取り組んでいないといったものである。若い世代がいずれの政党も支持しないことは，必ずしも第三党の台頭を生むものではなく，投票率の減少につながっている。若い世代は民主党を支持する傾向が比較的強いと言われている（2017年の調査では，18～35歳では，54パーセントが民主党，33パーセントが共和党を支持。12パーセントは無党派・支持政党なし）。ただし，若い世代の二大政党制への不満と投票率の低下は若者の支持が多い民主党だけに影響するわけではない。若いときに投票の習慣がない有権者は年長となっても投票に行く頻度が低いといわれるところ，現在の若者世代の二大政党の不満がその後の長期にわたる政治への関与を低下させると危惧する者も少なくない。

3　議会に影響を及ぼす国内外の要因

(1)　アメリカの優位性への懐疑と孤立主義

第二次世界大戦後，アメリカは国際秩序の形成者であり，その中心的な担い手であった。その後ベトナム戦争や1980年代の日米貿易摩擦，1992～1993年のアメリカ軍を中心とするソマリア介入の失敗，9.11同時多発テロ以降のイラク戦争，アフガニスタンからの撤退，中国の軍事的台頭等も相まって，アメリカ国内では，アメリカの政治的・経済的・軍事的な優位性に関する懐疑論が強まってきている。オバマ大統領は，2011年9月の演説において，アメリカは世界の警察官ではないと述べ，アメリカがすべての問題を解決できるわけではないと指摘した（ただし，この演説ではシリアへの介入の必要性を訴えた）。トランプ大統領も，イラク駐留のアメリカ軍を大幅に削減し，2020年7月にドイツに駐留するアメリカ軍の一部撤退を表明したほか，2020年12月にはソマリアに駐留するアメリカ軍の撤退を指示するなど，アメリカ軍の海外展開の必要性に慎重な立場を示してきた。その一方で，オバマ政権以降，アメリカの安全保障戦略はアジアに軸足を移し（pivot to Asia），インド太平洋地域を重視している。

アメリカ国内において，海外の問題に関与することに慎重・懐疑的な意見は19世紀のモンロー主義の当時から根強く存在した（→第7章3参照）。経済面でも後述する保護主義やアメリカ・ファーストの政策も，孤立主義(isolationism)と軌を一にする部分が多い。こうした内向き志向は，雇用・景気といった経済問題だけでなく，フェンタニル(fentanyl)等のオピオイド(opioid)（強力な合成鎮痛剤）の濫用による多数の死者・依存症の患者が全米で発生するなど，治安や犯罪等の社会問題が政治的な争点となる中で強まってきている。

2022年のロシアによるウクライナ侵攻の後もアメリカの介入に慎重な連邦議会議員は存在する。世論および連邦議会においてウクライナ支援の意見は圧倒的多数であったが，共和党内の保守強硬派の議員の一部には多額の軍事援助に否定的な考えを述べる者もいる。また，民主党内のリベラルな議員にも軍事援助により提供される兵器が流用されることに懸念を示し，支援に慎重な見方を表明する者もいる。アメリカでは伝統的に外交・安全保障政策では党派対立は少ないといわれるが，ベトナム戦争やイラク戦争では国論を二分する状況も見られた。今後もウクライナでの戦争が長期化する場合，あるいは新たな紛争が世界各地で発生した時に，アメリカの世論がどのように反応し，連邦議会での議論に反映されるかは定かではない。

(2)　貿易保護主義とアメリカ・ファースト

第7章で概観したとおり，アメリカには南北戦争以前から自国産業を保護すべきとの主張は強く存在した。当時は優越的であった欧州諸国からの輸入品の流入を制限し，自国産業の保護・育成を目的としていた。第二次世界大戦後，とくに1970年代以降は圧倒的であったアメリカの国際競争力が相対化し，日本との競争の中でも保護主義的な政策が主張された。

アメリカ・ファーストのスローガンもトランプ前大統領が初めて使ったわけではない。古くは1916年の大統領選挙に向け，ウィルソン大統領候補が，アメリカの第一次世界大戦への不介入を公約として訴えた際に，アメリカ・ファーストの表現を用いたのが初めと言われている（当時は対抗馬の共和党側も「アメリカ・ファースト」の表現を使ったとされる）。

その後も1940年には，アメリカ・ファースト委員会（America First Committee）が設立され，アメリカの第二次世界大戦への不介入を主張した。この委員会には，ウォルト・ディズニーやフランク・ロイド・ライト（建築家）といった著名人も参加し，チャールズ・リンドバーグ（大西洋を無着陸横断した飛行家）も事実上のスポークスマンとして活動した。同委員会は日本軍による真珠湾攻撃の数日後に解散することになる。

さらに，1992年の共和党の大統領予備選に出馬した政治評論家のパット・ブキャナン（Patrick Buchanan）も「Make America First Again」と主張し，当時のブッシュ大統領（父）によるグローバル化を前提とした政策を厳しく批判した。ブキャナン候補は予備選で敗北し，2000年には第三党から出馬するが，ブッシュ大統領（子）に敗れた。しかしながら，トランプ大統領が選出された際には，自らの提唱した主張の基盤が共有されたとその当選を歓迎した。

このようにアメリカ・ファーストは，孤立主義と保護主義の要素を含む主張として古くから存在し，アメリカ国内の一定の世論に訴求した考えとも言える。最近改めて一定の支持を得ている背景には，

IT 産業をはじめとする先端技術およびサービス産業が経済を牽引し続ける一方で，国内の製造拠点を失い，雇用にも影響を受けるアメリカ各地の有権者の根強い不満がある。経済に関する各種の課題を抱えるのは，共和党・民主党優位いずれの地域でも同様であり，こうした有権者の不満が，両党の連邦議会議員の主張にも反映されていると考えるのが妥当である。

(3)　社会問題を巡る対立

経済・社会問題を巡る有権者の関心

これまで大統領選挙，中間選挙における国民の主たる関心事は，身近な雇用（失業），賃金，物価等の経済問題であるというのが，ワシントン DC における定説であった。1992 年の大統領選挙の際，ブッシュ大統領（父）とクリントン候補との選挙で争点を問われた著名な民主党の政治コンサルタントのジェームズ・カーヴィル（James Carville）が「それは経済に決まっている（It's the economy, stupid）。」と述べたことは，選挙における普遍的な争点を喝破したものとして頻繁に引用される。同選挙前年の 1991 年には，湾岸戦争でのアメリカの勝利が現職のブッシュ大統領に有利に働くとの見方もあったが，その後の景気後退もあり，経済問題が有権者の判断の決め手になった。

しかし，2022 年の中間選挙では，経済問題にも増して同年 6 月に示された人工妊娠中絶を巡る連邦最高裁の判決見直し（*Dobbs v. Jackson Women's Health Organization.* 一般に Dobbs case として知られる）が有権者の動員に大きな影響を与えた。中間選挙ではコロナ禍の影響を受けたサプライチェーンの問題やウクライナ戦争を経たエネルギー価格の上昇等からのインフレをはじめとする経済問題が大きな関心事であった。それ以上に，今後の連邦および各州での人工妊娠中絶を制限する立法に危機感を持った民主党支持者が選挙に参加し，民主党の劣勢を食い止めたとも言われている。

人工妊娠中絶

Dobbs 判決は，1973 年に人工妊娠中絶の権利が合衆国憲法上保護される権利であると判示した *Roe v. Wade* 判決を見直し，人工妊娠中絶が合衆国憲法上保護される権利ではなく，その規制は各州に委ねられる旨示した。そのため，共和党が優勢な州では，人工妊娠中絶の規制を強化する法律が相次いで成立した。同様の法理に基づき人工妊娠中絶に限らず同性婚や異なる人種間の結婚も規制され得ると懸念した議員が，同性婚を一定程度連邦レベルで保証する Respect for Marriage Act を 2022 年中に一定程度の超党派の支持を得て成立させた。

銃規制

1993 年ブレイディー法（Brady Act of 1993）によって一定の銃規制が行われた後，1999 年のコロンバイン高校銃撃事件（15 名死亡，24 名負傷），2012 年のサンディーフック小学校銃撃事件（6～7 歳の児童 20 名，職員 6 名死亡），2018 年のフロリダ州パークランドでの高校銃撃事件（マージョリー・ストーンマン・ダグラス高校。17 名死亡，17 名負傷）等，ほぼ 10 年おきに学校での大規模な銃撃事件が発生した。それにもかかわらず，これまで連邦レベルでは実効的な銃規制が行われなかった。その最大の理由は，合衆国憲法修正第 2 条に基づく武器保有の権利の制限に強く反対する全米ライフル協会（National Rifle Association）（NRA）をはじめとする銃規制反対のロビー活動と一定の世論の支持があったためである。そして 2022 年にはテキサス州ウバルディ（Uvalde）のロブ小学校の銃撃事件で 9 歳から 11 歳の小学生 19 名と 2 名の教職員が殺害された。2022 年はそれまでにも全米各地で複数の犠牲者が発生する銃撃事件が相次ぎ，連邦議会内でも一定の規制の必要性が議論された。実際に成立した法律（Bipartisan Safer Communities Act）は，攻撃型ライフル等の殺傷性の高い銃や大容量弾倉の販売禁止といった実効的な規制は含まれず，リスクのある者の銃保有を制限する規制や 18 歳から 21 歳までの銃保有に先立つバックグラウンド・チェック，配偶者等への暴力を理由とする銃保有の制限の対象範囲の拡大といった規制に留まった。しかしながら，この法律はほぼ 30 年ぶりに導入される連邦レベルでの規制であった。

移民問題

移民問題は 2000 年代から大きな政治問題となってきたが，これも長年実質的な改革ができなかった問題であった。トランプ大統領（当時）がメキシコとの間に「壁」を建設し，移民の流入を厳しく規制しようとしたことは，民主党支持者等から強く批判された。その後新型コロナウィルスの発生により外国人の入国が全般的に制限される中，バイデン政権は前政権が強く批判された越境者の家族の親子を分離する政策等を見直した。こうした政策の見直しは，アメリカが越境者に寛容になったとのイメージを与えたため，迫害や経済的困窮を逃れるために中南米からアメリカに向かう者を増大させたといわれる。実際，2021 年と 2022 年のメキシコ国境からの越境者はそれぞれ 170 万人，270 万人を超えた（各年 10 月 1 月から翌年 9 月末までの統計）。こうした越境者の急増に対し，共和党支持者はバイデン政権の国境管理が十分ではないため，組織犯罪や麻薬等の流入を助長していると厳しく批判している。

越境者の増大は伝統的な党派支持にも影響を与えている。1960 年代以降，ヒスパニック系，アジア系，そしてアフリカ系アメリカ人は公民権運動や少数者の権利擁護に積極的であった民主党を支持する傾向が続いていた。その後それぞれのマイノリティー・グループの中での所得，教育や職業の幅が広がる中で，全般的な民主党支持の基盤はあるものの小さな政府，厳格な国境管理を含む法執行等を重視するなど，価値観の多様化に伴い，共和党支持者が徐々に増え，民主党支持が漸減する傾向も見られる。

2022 年の中間選挙では，ヒスパニック系とアジア系アメリカ人の共和党支持はそれぞれ 10 ポイントと 17 ポイント急増した。2021 年にテキサス州で行われたヒスパニック系向けの世論調査でも，より厳しい国境管理を求める回答が多数示されるなど，南部におけるヒスパニック系の共和党支持の傾向が強まっているともいえる。

ヒスパニック系，アジア系の中でも，それぞれの歴史的・社会的背景が異なるため，その政治・社会的価値観をひとくくりにできないことは言うまでもない。ヒスパニック系ではキューバ系アメリカ人が，アジア系ではベトナム系アメリカ人が共産主義から逃れてきた経緯等もあり，保守的な傾向があるとも言われる（それぞれにリベラルな民主党支持者も多数存在する）。移民の国ともいわれるアメリカではあるが，移民問題・国境管理については，国民の中でも異なる意見が増大しているといえる。

教育問題，LGBTQ 等の少数者の権利擁護

コロナ禍の中で急速に政治的・社会的な争点となってきたのが，学校における教育内容に関する保護者の関与である。コロナ禍でオンラインの在宅学習を通じて教育内容を目にした保守系の保護者を中心に，奴隷制や，性自認をはじめとする LGBTQ に関する教育がリベラルに偏り過ぎているとの批判が高まった。保守派の批判は，アメリカ内の人種差別が，単なる生物学的な差異に基づく差別ではなく，社会制度や経済構造によっても固定化・助長されていると指摘する批判的人種理論（Critical Race Theory）（CRT）に集中した。この理論に基づく教育が小学校でも行われ，アメリカの社会がアフリカ系アメリカ人を差別する制度となっていると教えることは，社会を分断すると

いうのが主な批判である。また，LGBTQ 等を中心とする多様性に関する教育も，年齢相応でない場合には子どもに否定的な影響を与えるといった批判が，とくにテキサス，フロリダ等の州で生じた。

こうした教育に関する高い関心は，2021 年 11 月のバージニア州知事選挙において，保護者の教育への関与の強化を公約の一つに掲げた共和党候補が勝利したことにより，政治的にも助長された。並行して，2022 年 6 月の人工妊娠中絶に関する連邦最高裁の判決見直し（Dobbs 判決）を経て，次は同性婚等の少数者の権利も見直しの対象になるのではとの危機感がリベラルな価値観を持つ有権者の中で強まった。このようにして，教育問題や少数者の権利擁護の問題も，保守，リベラル層の間で政治的・社会的にも大きな争点となっている。

4　連邦議会の将来と可能性

(1)　対立の克服と制度への信頼

政治・社会問題に対するアメリカ国内の意見の対立や，ソーシャルメディアの普及による議論の先鋭化により，過去に例を見ない政治的な対立と社会的分断が深刻化しているとの意見は少なくない。その一方で，アメリカの将来について前向きな識者，一般市民，連邦議会議員も引き続き存在する。その中には，1960 年代の公民権運動を巡る社会対立や 1968 年のベトナム反戦運動当時の社会的な騒擾を挙げ，今の対立が克服不能とは思わないと述べる者もいる。国を二分して内戦に至った南北戦争を引き合いに，厳しい対立も徐々に収斂に向かうと現下の情勢を過度に悲観すべきでないとの見方もある。

2021 年 7 月に行われた世論調査によれば，まだ新型コロナウイ

図 8-2　党派別の将来への展望

「今日の若者が親の世代より良い生活を送れると思うか」との質問への回答。

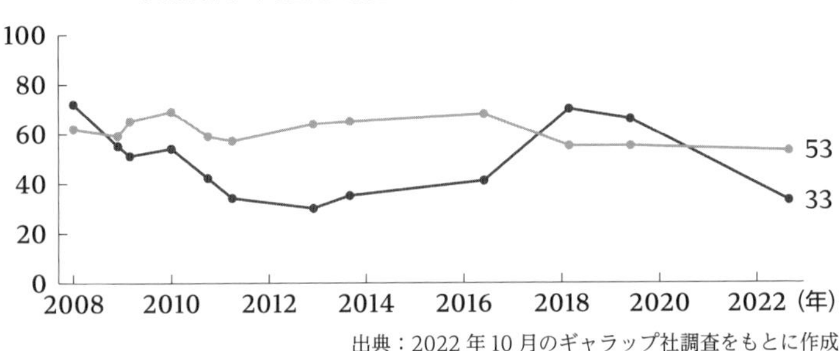

出典：2022 年 10 月のギャラップ社調査をもとに作成

ルスの影響は続いていたものの，ワクチン接種の拡大と経済活動の再開が見られつつあったためか，現在の生活について「うまくいっている」(thriving) と答えた人が 59.2 ポイントと，2008 年の世界金融危機（いわゆるリーマンショック）以降最高となった（なお，他の回答は「なんとかやっている」(struggling)「苦しんでいる」(suffering) であり，「うまくいっている」という回答が最低であったのは，2008 年 11 月（46.2 ポイント））。

現在の若者が将来親の世代よりも良い生活ができると思うかという，2022 年 9 月の調査での質問に対する肯定的な回答は，2019 年の調査より大きく減少している。ただし，支持党派別の回答では，共和党支持者は 66 ポイントから 33 ポイントに急減したのに対し，民主党支持者は 55 ポイントから 53 ポイントの漸減に留まる（→図 8-2 参照）。同じ質問に対する所得別の回答を見ると，年収 4 万ドル未満の回答者が最も前向きであり（52 ポイント），将来を肯定的にとらえていると思われる（年収 4 万〜10 万ドルの回答者は 40 ポイント，10 万ドル以上の回答者は 39 ポイント）。

また，国際的に比較しても，若者の将来観については，2018 年

図 8-3　若者の将来への展望についての国際比較

「自分の将来について明るい希望を持っているか」との質問に対する回答。

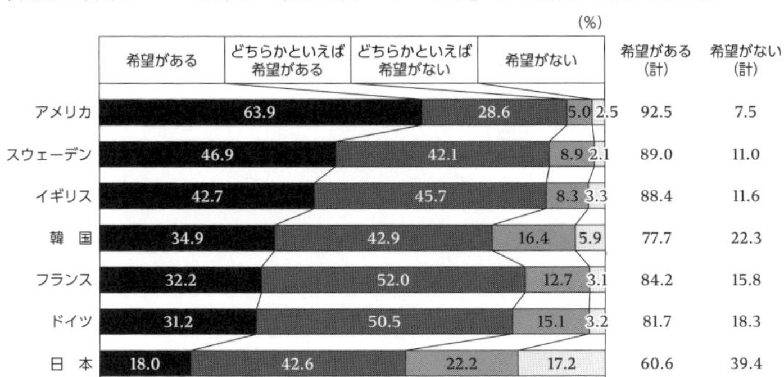

出典：内閣府・我が国と諸外国の若者の意識に関する調査（平成 30 年度）

11 月から 12 月にかけて日本の内閣府が行った世界 7 か国の 13 歳から 29 歳までを対象にした意識調査では，アメリカの若者が 7 か国中，最も前向きな将来像を持っている（→図 8-3 参照）。このように，党派・政治や議会を巡る意見の対立があるものの，現状と将来に対する見方は，アメリカ社会では他国と比較してより肯定的とも評価できる。

2022 年の中間選挙では，2 年前の大統領選挙と異なり，選挙結果を否定する主張は高まらず，騒擾もほとんど生じないまま，各選挙区・州での議席の移行は平穏に行われた。こうした展開を踏まえ，アメリカ国民の多くが政治的な中庸を求めており，民主・共和両党も無党派・穏健層に訴求するために政治の振れ幅（political pendulum と表現される）を抑える必要があると指摘する識者もいる。

(2)　政策議論の進展

連邦議会で最近扱われる議題の中で，人工妊娠中絶や銃規制，移民問題のようにアメリカ社会を二分する問題は，保守・リベラルの双方が歩み寄ることが難しいとされる典型例である。その一方で，以前は根本的な対立が見られたものの，現在は具体的な政策議論が進んでいる社会経済課題もある。

気候変動問題については，2016 年にいったんアメリカがパリ協定から離脱した時期には，気候変動の科学的根拠につき根本的な疑問を呈する世論や連邦議会議員も少なくなかった。現在そのような主張をする議員はきわめて少数である。フロリダ，ルイジアナ州等における沿岸の侵食や，全米各地で発生する大雨や洪水，西海岸・中西部での干ばつや山火事は，気候変動の影響が急速に拡大していることを，多くのアメリカ人に実感させている。2021 年の世論調査では，気候変動が実際に起きていると考える人は全体の 72 パーセントに上り，否定する意見は 14 パーセントに過ぎない。

具体的な気候変動対策の進め方については，党派により引き続き意見の隔たりがある。共和党支持者の多くは，アメリカ国内の天然ガス開発や輸出等を重視する一方，大幅な温室効果ガスの削減目標の設定や化石燃料関連事業への投資規制に反対する。また，気候変動対策における企業や民間主導の努力を重視し，法規制や補助金の交付等といった政府の関与には慎重である。これに対して民主党支持者は，連邦政府の関与を支持し，脱炭素化を加速化するための規制や再生可能エネルギーへの投資を促進するための施策を歓迎する。気候変動対策の進め方にはこうした立場の相違があるが，5 年前に比べると両者の間で着実に政策の議論が進んでいる。

(3)　議会手続を巡る議論と見直し

これまで見てきたとおり，連邦議会における立法手続は複雑であり，法律の成立には両院の一致が必要であることからも時間を要する。そのため，最近の連邦議会では，オムニバス法案（→第２章６(3) 参照）や財政調整プロセス（→第３章３ (3) 参照)，国防授権法案等の大型法案への修正（クリスマスツリー→第２章５ (3) 参照）等の手続を駆使して，通常の審議・採決の順番から逸脱しつつも，迅速な法案の成立を目指すことが多い。そのため，小委員会，各委員会，そして本会議での審議が十分行われず，立法過程が形骸化しているとの批判もある。一部の議員（とくに下院側）からは，通常の審議形態（Regular Order と呼ばれる）への回帰を求める主張も強く，2023 年の第 118 議会の会期冒頭の下院議事手続規則の採択に際しては，各議員が法案修正を自由に提起できる本会議での審議規則（open rule→第２章４ (3)）の採用や本会議での法案提出から採択までの十分な時間の確保等の要求が共和党議員からなされ，以前と比較してそれらが議事運営に反映されている。

上院でのフィリバスターについても，迅速な審議と法案の成立を妨げているといった批判が根強く存在する。2021 年から 2022 年にかけてのインフレ抑制法案の審議では，同法案を推進するバイデン大統領と同じ政党であるにもかかわらず，法案の支持を最後まで表明しなかったシネマ(Kyrsten Sinema)（アリゾナ州選出)，マンチン(Joe Manchin)（ウェストバージニア州選出）両上院議員に対して身内の民主党側から厳しい批判があった。しかし，フィリバスターは少数党が多数党から妥協を引き出す上で有効な手段であることから，大きく変更することは現実的には考えにくい。

(4)　議会の人材と専門性

二大政党制に対する批判や懐疑論が増加し，党派対立が政治に関厳しさを増していると言われつつも，アメリカにおける政治参加への意欲は引き続き根強く，他国と比較しても高い。

図 8-4　若者の政治参加への意欲
「将来の国や地域の担い手として積極的に政策決定に参加したい」との質問への回答。

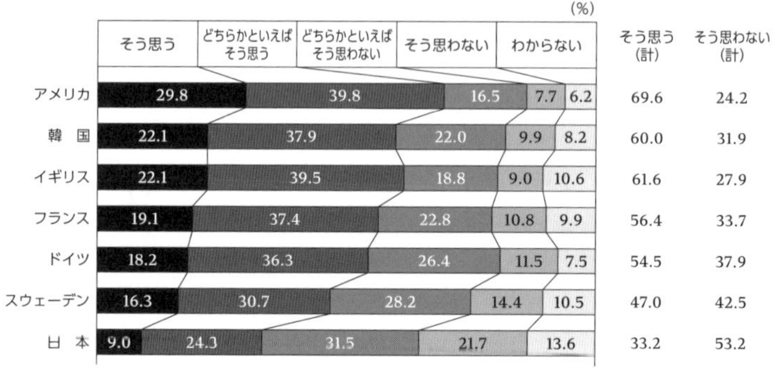

出典：内閣府・我が国と諸外国の若者の意識に関する調査（平成 30 年度）

若者世代である Z 世代（Generation Z）が二大政党制に批判的・懐疑的との意見があるが（→第 6 章 2 (2) 参照），地方政治や連邦レベルでの政治への関心は根強い。前述の日本の内閣府による若者を対象とした国際調査においても，国や地域の政策決定に積極的に参加したい，自分自身の参加により社会変革に貢献できると肯定的に考える人の割合は，アメリカが一番高い（→図 8-4，8-5 参照）。

上下院の各委員会付きの連邦議会職員や各議員の個人事務所で働く議員スタッフ（補佐官）も，連邦議会の果たす役割と自らの職責に誇りと情熱を持つ人が多い。アメリカ社会では数年おきに転職することが普通である中，10 年，20 年の長期にわたり議会の様々な事務所で勤務するスタッフもいる。そうした職員補佐官やスタッフは，異口同音に立法を通じた政策形成に関与する意義や，選挙州・選出区の有権者の抱える課題に個別に，あるいは立法を通じて対応することのやりがいを口にする。こうしたいわば縁の下の力持ちに

図 8-5　若者の社会変革への意欲
「私の参加により，変えてほしい社会現象が少しでも変えられるかもしれない」という見方についての考えを問われた際の回答。

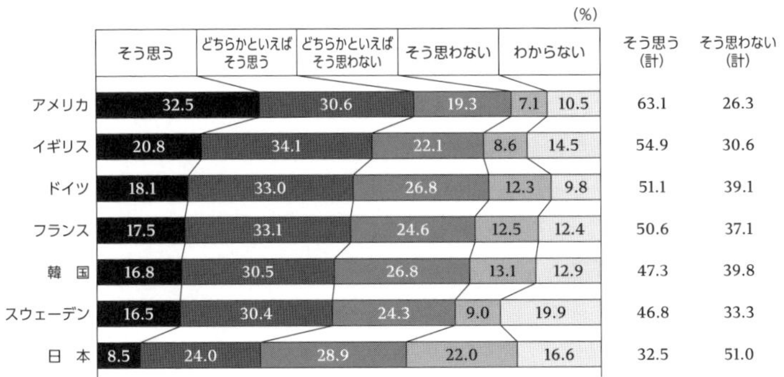

出典：内閣府・我が国と諸外国の若者の意識に関する調査（平成 30 年度）

よって連邦議会の実質的な業務は支えられてきており，その点を一番認識しているのが連邦議会議員であったりもする。

議会スタッフの中には，現在の連邦議会での党派対立の厳しさや立法過程の複雑化を問題視している人も多い。ただし，議会スタッフは，実際には担当する政策分野にプロフェッショナルとして冷静に対応し，党派を超え日常的に議論・協力している。立法分野が一層専門化・複雑化する中，議会スタッフは民間企業，行政府との行き来を通じて，様々な経済・社会課題や最新の状況を把握する立場にある。こうしたスタッフの専門性と意欲が，連邦議会の統治機関としての有効性を維持している。

(5)　草の根からの民主主義の強靭性

連邦レベルでの党派対立だけでなく，一部では州議会や市町村レベルの自治組織でも感情的な党派対立が，これまでなかったような形で見られるとの指摘もある。従来はコミュニティー活動の一環とも受け止められていた地元の教育委員会での議論が，上述の批判的人種理論（CRT）を巡る激しい論争の場となったり，中間選挙前に地方自治体の選挙管理委員会において，異なる立場の住民や委員会のメンバーが相手方を糾弾・脅迫する例も生じている。また，一部の地方レベルでの公職の選挙にも，州の外からの政治献金や宣伝活動が活発に行われる傾向が見られる。

地方レベルでの政治

こうした懸念が存在する一方で，州議会や市議会等での活動は引き続き党派を超えて建設的に行われているという意見も多い。連邦議会議員の中でも，州議会議員の経験者には，一見すると党派性が強いと見られがちな州議会の方がよほど超党派で問題を解決していたと述懐する者もいる。地方議会の一部でも，党派を表明せずに参加・審議する形式をとるところもあり，コミュニティーレベルでの超党派の協力は，ワシントン DC の党派対立とは全く異なる形で，健在であると説明する者も少なくない。

また，地方議会出身の連邦議会議員は，ワシントン DC においても実践的な姿勢で審議に臨んでおり，こうした議員が今後も各州から選出されれば，政治の振れ幅も収斂するとの期待感もある。メディア等が報じる厳しい対立は，連邦議会の一面に過ぎず，実際には協力することも多いと議員自身が述べることもある。

ビジネスの影響

さらに，民間企業出身等のビジネス経験のある議員は，表面的な党派対立を気にせずに議論に参加できるという意見も多い。企業や組織内では支持政党が異なる従業員や取引相手がいることは日常的であり，現実的に仕事をすることに慣れていると述べる議員もいる。もちろん最近は党派対立が職場にも持ち込まれる傾向があるとの報道もあり，ビジネス環境がより中立的であるとは限らない。しかしながら，アメリカでは職場内での政治的な意見の相違が業務に影響しないようにする努力は絶えず行われ，人事政策や経営方針等にも反映されてきている。無論こうした努力が連邦議会における議員の振る舞いや審議に直ちに反映される保証はない。しかし，議員が有権者の考えや姿勢を体現する者であるとすれば，ビジネスと同様に，政治的な意見の相違があった上でも立法過程をプロフェッショナルに進める姿勢に反映されると期待することも可能であろう。

最近の連邦議会の再選率は高いものの（→第4章4（4）参照），再選を求めない議員も少なくなく，議員の交替も定期的に生じている。2022年の中間選挙では6名の上院議員，49名の下院議員が再選を求めず，25名が予備選または本選で敗北した。2021年1月時点では，下院議員の72パーセント，上院議員の65パーセントは在任歴が12年未満であった（下院は6期未満，上院は2期未満の在任歴と換算できる）。新たに議会に選出される議員が，これまでの議員と比べて超党派の協力に臨むとは限らない。しかし，新陳代謝が絶えず行われることで，2021年1月の連邦議会襲撃事件によって一時期急激に悪化した議会内の政治環境を徐々に改善していく可能性はあるといえよう。

5　まとめ――対立を内在しながら変革する統治機構

連邦議会に限らず，アメリカ政治における党派対立の先鋭化については，2020年の大統領選挙の結果や2021年1月の連邦議会襲撃事件を巡り，頂点に達したとの意見もある。銃規制や人工妊娠中絶，移民・国境管理，教育等の社会課題についての意見の隔たりは大きい。こうした社会問題がある中で，アメリカによる海外の問題への関与を疑問視する孤立主義的な意見も強まっている。その一方で，南北戦争，公民権運動，ベトナム戦争等の例を挙げ，国内の政治・社会的な対立は克服可能であると述べる識者も少なくない。

連邦議会も過去の政治・経済・社会的な対立の中で，徐々にその制度を変えつつ，歴史の風雪に耐えてきた。その大きな要因として，建国の父たちが描いたチェック・アンド・バランスの枠組みが総体として機能し，その後の連邦の拡大や参政権・公民権の普及等を通じて社会の変化に対応できてきた点も挙げられる。フィリバスターやゲリマンダー，選挙資金規制も常に批判され，変化は漸進的であるものの，連邦議会は一定の立法上の成果を挙げ続けている。

これまで繰り返し紹介してきたとおり，アメリカ連邦議会の制度や運営方法はきわめて特徴的であり，日本の議会制度のみならず，世界各国の議会と比較しても独特である。より注目されるべき点は，大統領・行政府，連邦議会，そして司法府が統治を一体として行っている点であろう。この点は，アメリカの政治学者のニュースタット（Richard Neustadt）が，「アメリカは権力の分立があるのではなく，異なる機関が権力を共有している（separate institutions sharing power）」と形容し，議会関係者もその認識を共有している点からも理解できる。本書でも，アメリカでは大統領の政党と連邦議会いずれかの多数党が異なる「ねじれ」の状態を divided government と呼び，government が日本における「政府」の意味よりもむしろ「統治」に近い意味で使用されていることも紹介した（→第４章１⑴参照）。連邦議会スタッフは，行政府の職員の間で転職を通じた人事交流も頻繁にあり，立法を通じた政策立案業務を担っている（→第４章５参照）。それぞれが連邦議会と行政府という異なる機関に所属しつつも，共通の分野で統治に関与している。

連邦議会はその制度だけでなく，議員と有権者に加え，連邦議会スタッフ，産業界や各種の非政府団体等の幅広い利害関係者による経済社会課題に関する意見の表明と交流によって成り立っている。アメリカを含む国際社会自体が急速に変化する中，連邦議会がどのように姿を変えつつ，その特徴を維持していくかは，月並みな言い方ではあるが，アメリカ社会の柔軟性と強靭性にかかっている。

コラム　共和党と民主党の色――赤と青？

オバマ大統領が全国で名前を知られるようになったきっかけとなったのは，2004 年の民主党全国大会での演説といわれている。その際，当時のオバマ上院議員は，評論家は共和党を赤い州，民主党を青い州と区別したがるが，アメリカは一つの国家であり，多様な価値観が存在する国であると呼びかけた。この共和党が赤い州（red states），民主党が青い州（blue states）という表現は以前から存在しているように思われるが，この色分けは 2000 年の大統領選挙のニュース番組で定着して以降に過ぎない。

実際，1970 年代，1980 年代のテレビ番組では，共和党を青，民主党を赤とする例も見られる。その選択について，一説によれば，イギリス議会では保守党が伝統的に青を用い，他の（より進歩的な政党）が赤を用いたためとも言われる。一方で，民主党関係者が，赤が共産主義（ソ連や中国）を想起させるので嫌ったという意見もある。1976 年の大統領選挙のニュース番組では共和党のフォード候補を黄色，民主党のカーター候補を青にしたテレビ局（ABC）もあった。同じ選挙では，他の局（NBC）が共和党を青，民主党を赤にしたとされる。

2000 年の大統領選挙における色の選択に関し，テレビ関係者には赤を共和党の色と選んだ理由として，赤（Red）と共和党（Republican）の頭文字が同じだったからと述懐する者もいる。ただし，2000 年以降は基本的には民主党，共和党の関係者自身もそれぞれの党の色を青と赤とするのが通例となっている。赤と青のいずれの色もアメリカの国旗の星条旗の色から選ばれており，オバマ上院議員も 2004 年の同じ演説で，「我々は星条旗に忠誠を誓っている一つの国民である。」と述べている。

■ 補章

連邦議会に関する基礎資料

連邦議会の制度や立法過程を知る上で，さまざまな英文資料や情報を得るための媒体が参考になる。以下ではオンライン媒体を中心に，日本でも比較的入手が容易なものを紹介する（本書末尾に参考文献として挙げているものを除く)。連邦議会関係者が最新の議会情勢を把握する上で参考としている媒体もあわせて紹介する（インターネットの上の掲載は 2023 年 2 月末確認)。

1　連邦議会の制度・歴史

(1)　上院および下院のウェブサイト（上院は senate.gov，下院は house.gov)：いずれも上下院の制度，歴史についてわかりやすく，かつ詳細に説明している。このウェブサイトには，立法の流れについての説明もあるほか，上下院の委員会の活動，毎日の審議・公聴会の日程等も把握できる。委員会の歴史に特化したホームページとしては，別途下院に history.house.gov がある（上院は全体のホームページ内に Art & History のカテゴリーが設けられている。)。

合衆国憲法に関する文献やオンライン情報も多数あるが，連邦議会が提供しているオンライン上のわかりやすい内容のものとしては，簡単な逐条解説を付している Constitution Annotated がある（constitution.congress.gov)。

(2)　立法関連情報は連邦議会ホームページ（congess.gov）で，すべての法案の提出・審議情報が検索・把握できる。同ホームページでは，立法過程を動画でもわかりやすく紹介している（legislative process video から見ることができる)。また，本会議，各委員会の中継および録画もオンラインで見ることができる（下院は live.house.gov から該当の中継を探すことができ，上院は上記のホームページを通じて，本会議，各委員会の中継や録画を見ることができる)。立法関連情報は基本的に上記の連邦議会ウェブサイトで入手可能であるが，アメリカ政府の政府出版局（Government Publishing Office）のウェブサイトからも検索・閲覧可能である(govinfo.gov)。

連邦議会に関する立法，予算，議事手続については，本書でも紹介した議会調査局（CRS）が作成する報告書も非常に参考になる(crsreports.congress.gov から検索可能)。CRS Report として定評のある各種報告書は，連邦議会の運営に関係する事項だけでなく，議会で審議の対象となるアメリカ国内の経済社会問題，各国地域情勢や国際問題等も扱っており，議員およびスタッフが日常の執務に参考にしている。

(3)　議員の情報については，それぞれの議員が公式のウェブサイトを保有しており，それらが参考になる。議員は公式のものとは別に選挙用のウェブサイトを持っている（選挙用のサイトのほとんどは，「(候補名) for Congress」または「(候補名) for Senate」というタイトルがついている)。公式のウェブサイトが，各議員の議会における活動の紹介が中心であるのに対して，選挙用のウェブサイトはより有権者にアピールする政策や重視する政策課題等が紹介（宣伝）されることが多い。また選挙用のウェブサイトは政治献金やボランティアの募集の重要な手段でもある。議員はソーシャルメディアも活用しており，とくにツイッター等では，相手党への批判も含め，より明確に政治的な主張を展開している場合が多い。

議員の基礎情報を簡単に理解できるものとしては，The Original US Congress Handbook がある。民間の一般出版物であり，連邦議会やアメリカ政府が刊行したものではないが，議会・ビジネス関係者，ロビイストが日常的に使用する小ぶりで便利な冊子である。電子媒体はない。

(4)　連邦議会の歴史（議事堂の構造や歴史を含む）は，議会議事堂のビジターセンターのウェブサイト（visitthecapitol.gov）に詳しい。議事堂の見学の予約申込みだけでなく，オンラインでのバーチャルツアーも可能である。連邦議会に限らず，アメリカの歴史全般に関するデジタルアーカイブが充実しているものとして，<ruby>議会図書館<rt>Library of Congress</rt></ruby>のホームページがある（loc.gov）。

2　連邦議会の動向に関する報道

アメリカ政治を扱うニュースメディアは大量にあるが，議会関連報道が占める割合も多く，様々な入手方法がある。議会関連の報道に特化したメディアがあり，こうした媒体がワシントン DC の議会関係者の間でも重宝されている。オンラインメディアだけでなく，新聞，テレビ等もあり，その多くは，インターネットを通じて録画やストリーミングで見ることができる。

(1)　一 般 紙

ワシントン・ポスト，ニューヨーク・タイムズ，ウォールストリート・ジャーナルは議会関係者も常に目を通す。これらのメディアは議会を専門に取材する記者を置いていることもある。AP，AFP，ロイター，ブルームバーグといった通信社も連邦議会を中心に取材する記者がおり，関連報道も充実している。

一方で，より専門的かつ詳細な議会関連報道については，以下に挙げる議会専門メディアが有力である。

(2)　議会専門メディア

伝統的な専門紙としては，CQ/Roll Call，The Hill が有名である。有料サイトではあるが（紙媒体も存在），National Journal も多くの議会関係者が参考にしている。この 3 紙は議員事務所に配布され，多くの事務所では受付のソファー前のテーブルに置かれていることが多い。

より新しいメディアとしては，Politico，Punchbowl News，Axios が有名である。Politico と Punchbowl News は通常のニュースのほか，様々なトピックにあわせたニュースレターをメールで発信しており，これも重宝されている。Axios はより速報性と簡潔な情報を提供することを特徴としている。Politico は連邦議会の動向だけでも様々な角度から報じたニュースレターを毎日複数発行している。Punchbowl News はワシントン DC において議員等を招待したインタビューイベントも頻繁に開催している（動画での視聴も可能）。

(3)　テ レ ビ

CNN，MSNBC，FOX のケーブルニュースに加え，ABC，NBC，CBS の三大ネットワーク（地上波およびケーブル）がある。アメリカ社会の全般を知る上で三大ネットワークは有益であるが，連邦議会に関するより掘り下げた情報はケーブルニュースに一日の長がある。また，議会専門放送である CSPAN は複数のチャンネルを持ち，本会議や各委員会，公聴会の中継だけでなく，ニュース解説や討論番組も放映している。また，アメリカの公共放送である PBS（Public Broadcasting Service）も定評がある。

(4) ラジオ

現在はラジオの番組の多くは，インターネットラジオ，ポッドキャストでも視聴可能である。公共ラジオであるNPR（National Public Radio）は中立性に定評があり，安定的な報道をするメディアとして評価が高い（一部保守派からはリベラルに寄りすぎとの批判もある）。また，保守的な立場からの解説が多いトークショー（英語ではTalk Radio）も全米各地でポッドキャストも含めて多数放送されている。リベラルな立場に基づくトークショーもあるが，いずれの場合も現在起きている政治関連の話題に関する解説が多く，速報性は低い。党派性が強いことから，それぞれの政治的な立場や視点を知る上では役に立つ。

3　世論調査・選挙予測と関連報道

連邦議会選挙および大統領選挙の帰趨は，今後のアメリカの政治の行方を占う上できわめて重要であり，その予測に対する関係者の関心は高い。そのため，選挙予測に関する調査および発信を行うメディアも数多く存在する。世論調査や選挙予測は，大学に置かれた調査機関も数多く行っており，定評もある。バージニア州のUniversity of VirginiaにあるSABATO's Crystal Ballやニュージャージー州にあるMonmouth University Polling Institute，ウィスコンシン州のMarquette Law School Pollがその一例である。民間の調査会社も多数存在し，Cook Political Report，FiveThirtyEight，Morning Consult，Gallupなどが良く知られている。

参考文献

本書を通じて，連邦議会の制度と立法過程に関する英文の概説書を複数参考にした。これらは連邦議会関係者，ジャーナリスト等も参照する書籍として勧められているものであり，内容の多くに重複もあるが，それだけ重要なポイントが共通しているとも言える。第1章から第4章においては，こうした概説書で紹介されている事項で，日本の読者にとって有益と考えられる内容につき，構成や記述も含め，重点的に参照した。

オンライン上でも連邦議会上下両院，議会図書館（Library of Congress），国立公文書館（National Archives）等は資料が充実しているところ，報道記事とあわせて参照した。

注：オンライン情報についてURLは記載していないが，タイトルと出典から検索すれば特定可能である（2023年2月時点）。

第1章から第4章（全般）

（主として参照したもの）

Mark Strand, Michael S. Johnson, Jerome F. Climer, Surviving Inside Congress, Fifth Edition, The Congressional Institute, 2017

Walter J. Oleszek, Mark J. Oleszek, Elizabeth Rybicki, Bill Heniff Jr. Congressional Procedures and the Policy Process, Eleventh Edition, CQ Press, 2020

Richard A. Arenberg, Congressional Procedure：A Practical Guide to the Legislative Process in the U.S. Congress, TheCapitol.Net, 2018

Trevor Corning, Reema Dodin, Kyle Nevins, Inside Congress：A Guide for Navigating the Politics of the House and Senate Floors, The Brookings Institution, 2017

（副次的に参照したもの）

Roger H. Davidson, Walter J. Oleszek, Frances E. Lee, Eric Schickler, James M. Curry, Congress and Its Members, Eighteenth Edition, CQ Press 2022

Judy Schneider, Michael L. Koempel, Congressional Deskbook：The Practical and Comprehensive Guide to Congress, Sixth Edition, TheCapitol.Net 2012

David E. Price, The Congressional Experience: An Institution Transformed, Fourth Edition, Routledge 2021
松井茂記『アメリカ憲法入門〔第9版〕』(有斐閣，2023年)
岡山裕＝西山隆行編『アメリカの政治』(弘文堂，2019年)
岡山裕＝前嶋和弘『アメリカ政治』(有斐閣，2023年)

第1章（個別の記述）
Capitolの語源：
'Capitol' or 'Capital'? Explaining the difference (Merriam-Webster ウェブサイト)
History of Capitol Hill (Architect of the Capitol ウェブサイト)

第2章（個別の記述）
私法案の審議手続：
Procedural Analysis of Private Laws Enacted: 1986-2013 (CRS Report)
議会の立法機能と議員の役割：
David R. Mayhew, Congress: The Electoral Connection, Second Edition, Yale University Press, 2004
上院議席の落書き：
Sherrod Brown, Desk 88: Eight Progressive Senators Who Changed America, Picador, 2019

第3章（個別の記述）
財政調整プロセスについて：
Introduction to Budget "Reconciliation" (Center on Budget and Policy Priorities ウェブサイト)
外交関係の授権法：
Foreign Relations Reauthorization: Background and Issues (CRS Report In Focus)
連邦政府の閉鎖：
A look back at every government shutdown in US history (FOX ニュース記事)

第４章（個別の記述）
下院スタッフ：
House of Representatives Staff Levels in Member, Committee, Leadership, and Other Offices, 1977–2021 (CRS Report)
上院スタッフ（給与等）：
Staff Pay, Selected Positions in Senators' Offices, FY2001-FY2021 (CRS Report)
議会スタッフ（日本語文献）：
「欧米主要国の議員秘書制度【第３版】」（国立国会図書館「調査と情報」）

第５章
条約の形式と効果：
International Law and Agreements: Their Effect upon U.S. Law (CRS Report)
軍縮交渉への上院議員の参加：
The Evolution of the Senate Arms Control Observer Group (Federation of American Scientists ウェブサイト)
ケース・ザブロキー法：
Treaty Procedures (U.S. Department of State ウェブサイト)
条約に関する国務省回章 175：
11 FAM 720 Negotiation and Conclusion (U.S. Department of State ウェブサイト)
貿易促進権限（TPA）の実績：
Trade Promotion Authority and Fast-Track Negotiating Authority for Trade Agreements: Major Votes (CRS Report)
TPA：
Trade Promotion Authority (TPA) (CRS Report In Focus)
トヨタの公聴会招致：
「文章で読む 75 年の歩み　第３部第５章第３節第１項　品質問題の拡大」（トヨタ 75 年社史ウェブサイト）
ブリヂストンの公聴会招致：
「企業情報　ブリジストン物語　1992～2000 年　第９章　優良企業への復帰とグローバル化の推進，そして BFS 自主回収問題」（ブリヂストン企業情報ウェブサイト）
ウイグル人権問題：

The Uyghur Forced Labor Prevention Act Goes into Effect（CSIS ウェブサイト）
経済制裁（定義等）：
Economic Sanctions Policy and Implementation（U.S. Department of State ウェブサイト）
経済制裁プログラム（一覧）：
Economic Sanctions Programs（U.S. Department of State ウェブサイト）
Sanctions Programs and Country Information（U.S. Department of Treasury ウェブサイト）
戦争権限法：
War Powers Resolution of 1973（Richard Nixon Presidential Library and Museum ウェブサイト）
戦争権限法の過去の実行例：
The War Powers Resolution：Concepts and Practice（CRS Report）

第 6 章

渡辺将人『アメリカ政治の現場から』（文芸春秋，2001 年）
有権者登録数：
Voting and Registration in the Election of November 2020（United States Census Bureau ウェブサイト）
投票箱：
Ballot Drop Box（U.S. Election Assistance Commission ウェブサイト）
投票の方法：
Voting Technology（MIT Election Data and Science Lab ウェブサイト）
ゲリマンダリング：
Gerrymandering Explained（Brennan Center for Justice ウェブサイト）
区割りに関する独立委員会：
Creation of Redistricting Commissions（National Conference of State Legislatures ウェブサイト）
上院再選率（2022 年中間選挙）：
The most shocking Senate result：Every incumbent won（CNN 記事）
連邦選挙委員会の概要：
Mission and history（Federal Election Commission ウェブサイト）
PAC とスーパー PAC：

Political Action Committees (PACs) (Federal Election Commission ウェブサイト)
スーパー PAC：
Understanding independent expenditures (Federal Election Commission ウェブサイト)
スーパー PAC の規制禁止（*Citizens United v. FEC*）：
Citizens United v. FEC (Federal Election Commission ウェブサイト)
大統領選出人：
About the electors (National Archives ウェブサイト)
2020 年中間選挙の投票率・議席：
Turnout Was High Again. Is This The New Normal? (FiveThirtyEight ウェブサイト)
多言語の投票用紙：
About Language Minority Voting Rights (United States Department of Justice)
Immigrant Communities Push for More Non-English Ballots (pewtrust.org ウェブサイト)

第 7 章

Robert A. Caro, Master of the Senate: The Years of Lyndon Johnson, Vintage Books, 2002
久保文明『アメリカ政治史』（有斐閣，2018 年）
岩田太＝会沢恒＝高橋脩一＝板持研吾『基礎から学べるアメリカ法』（弘文堂，2020 年）
渡辺靖（編）『現代アメリカ』（有斐閣，2010 年）
ロバート・トムキン「ねじれ議会　内政と外交の連続性は」外交 76 号（2022 年 11 月・12 月号）
上院の直接投票（憲法修正第 17 条）：
17th Amendment to the U.S. Constitution: Direct Election of U.S. Senators (1913) (National Archives ウェブサイト)
フェデラリスト・ペーパーズ：
Federalist Papers: Primary Documents in American History (Library of Congress ウェブサイト)
チェイス連邦最高裁判事の弾劾：
Impeachment Trial of Justice Samuel Chase, 1804-05 (United

States Senate ウェブサイト）
「ミズーリの妥協」：
Missouri Compromise (1820)（National Archives ウェブサイト）
1833 年の関税法を巡る論争：
Nullification Proclamation: Primary Documents in American History（Library of Congress ウェブサイト）
共和党の起源：
The Origins of the Republican Party（ushistory.org ウェブサイト）
「1850 年の妥協」：
Compromise of 1850 (1850)（National Archives ウェブサイト）
1854 年のカンザス・ネブラスカ法：
The Kansas-Nebraska Act（United States Senate ウェブサイト）
アンドリュー・ジョンソン大統領の弾劾：
Impeachment Trial of President Andrew Johnson, 1868（Unites States Senate ウェブサイト）
桂・タフト協定
TWE Remembers: The Taft-Katsura Memorandum（Council on Foreign Relations ウェブサイト）
第一次世界大戦（略史）：
The U.S. in WWI: Overview（The United States World War I Centennial Commission ウェブサイト）
国際連盟（規約の上院での否決）：
The League of Nations, 1920（Office of the Historian（国務省）ウェブサイト）
「最初の 100 日間（100 Days）」：
The First 100 Days: Franklin Roosevelt Pioneered the 100-Day Concept（US News and World Report 記事）
The Real 100 Days（The Franklin Delano Roosevelt Foundation（Harvard College）ウェブサイト）
「ニューディール」の初出：
Address Accepting the Presidential Nomination at the Democratic National Convention in Chicago（The American Presidency Project（UC Santa Barbara）ウェブサイト）
上院スタッフの人数：
About Committee & Office Staff: Historical Overview（United

States Senate ウェブサイト）
Senate Staff Levels in Member, Committee, Leadership, and Other Offices, 1977–2020（CRS Report）
マッカーシズム：
McCarthyism and the Red Scare（UVA Miller Center ウェブサイト）
トルーマンと人種差別是正（1948 年 2 月の演説）：
Special Message to the Congress on Civil Rights（Yale Macmillan Center ウェブサイト）
公民権法：
Civil Rights Act（1964）（National Archives ウェブサイト）
投票権法：
Voting Rights Act（1965）（National Archives ウェブサイト）
The Senate Passes the Voting Rights Act（United States Senate ウェブサイト）
ベトナム戦争（上院公聴会）：
Vietnam Hearings（United States Senate ウェブサイト）
イラク・アフガニスタン死傷者：
Casualty Status（U.S. Department of Defense ウェブサイト）
イラク・アフガニスタン動員数：
U.S. Veterans and Military Families（Cost of War（Brown University）ウェブサイト）
軍歴のある議員：
New Congress will have a few more veterans, but their share of lawmakers is still near a record low（Pew Research Center ウェブサイト）
ロバとゾウ：
Why Democrats are donkeys and Republicans are elephants（CNN 記事）
Dems' donkey rears its head in political cartoon, Jan. 15, 1870（Politico 記事）

第 8 章

渡辺将人『メディアが動かすアメリカ――民主政治とジャーナリズム』（筑摩書房，2020 年）
信頼される職業：

Here are the most and least trusted professions in the US（The Hill 記事）
議会への信頼：
Congress and the Public（Gallup ウェブサイト）
アメリカ社会の分断：
The opposition is different, and maybe even a threat（YouGov ウェブサイト）
党派性の拡大：
The polarization in today's Congress has roots that go back decades（Pew Research Center ウェブサイト）
二大政党制への不満：
As Partisan Hostility Grows, Signs of Frustration With the Two-Party System（Pew Research Center ウェブサイト）
世代間の政党支持の相違：
A wider partisan and ideological gap between younger, older generations（Pew Research Center ウェブサイト）
「アメリカ・ファースト」の経緯：
The Original Meanings of the "American Dream" and "America First" Were Starkly Different From How We Use Them Today（Smithsonian Magazine 記事）
A Short History of 'America First'（The Atlantic 記事）
メキシコ越境者：
Migrant border crossings in fiscal year 2022 topped 2.76 million, breaking previous record（NBC 記事）
マイノリティーの政党支持（2022 年中間選挙）：
Voters of color did move to the right-just not at the rates predicted（Politico 記事）
Why Rising Diversity Might Not Help Democrats as Much as They Hope（New York Times 記事）
Hispanic support for Republicans' hardline immigration policies may keep Texas red（The Hill 記事）
バイデン大統領ソマリア・ドイツ撤退見直し：
Biden set to redeploy U.S. troops to Somalia, reversing Trump withdrawal（CNBC 記事）
将来に関するアメリカ人の党派別の見方：

Americans Less Optimistic About Next Generation's Future (Gallup ウェブサイト)
前向きなアメリカ世論：
Americans' Life Ratings Reach Record High (Gallup ウェブサイト)
気候変動の世論調査：
Yale Climate Opinion Maps 2021 (Yale Program on Climate Change Communication ウェブサイト)
議員の交替：
Some members of Congress have been there for decades, but seats typically change hands more frequently (Pew Research Center ウェブサイト)
職場内の党派性：
Managing a Team with Conflicting Political Views (Harvard Business Review 記事)
Politics are becoming tougher to avoid at work, survey finds (Washington Post 記事)
共和党と民主党の色：
Mark Strand, Michael S. Johnson, Jerome F. Climer, Surviving Inside Congress, Fifth Edition, The Congressional Institute, 2017
Barack Obama Speech at the Democratic National Convention Boston, MA-July 27, 2004 (Say It Plain Say It Loud/American Radio Works ウェブサイト)

事項索引

【さ　行】

【た　行】

【な 行】

【は 行】

【ま　行】

【や　行】

【ら　行】

【わ　行】

著者紹介　　石垣 友明（いしがき ともあき）

東京大学法学部中退，米国アマースト大学卒業。
外務省入省後，国際法局，国際協力局，北米局等に勤務。国連代表部参事官，内閣法制局参事官，外務省気候変動課長，内閣副広報官，外務省経済局政策課長を経て 2021 年 7 月より現職。この間，慶應義塾大学法学部，東京大学教養学部等で非常勤講師。
現職　在アメリカ合衆国日本国大使館公使（議会担当）
主著　『ここからはじめる国際法』（共著，有斐閣，2022 年）
　　　『防衛実務国際法』（共著，弘文堂，2021 年）

アメリカ連邦議会──機能・課題・展望

Understanding the U.S. Congress; Its Function, Challenges and Prospects

2023 年 9 月 10 日 初版第 1 刷発行

著　者　石垣友明
発行者　江草貞治
発行所　株式会社有斐閣
〒101-0051 東京都千代田区神田神保町 2-17
https://www.yuhikaku.co.jp/
イラスト　チャイコフ
印　刷　大日本法令印刷株式会社
製　本　牧製本印刷株式会社
装丁印刷　株式会社亨有堂印刷所

落丁・乱丁本はお取替えいたします。定価はカバーに表示してあります。

Printed in Japan ISBN 978-4-641-04834-8